CHANGEMENS

FAITS

AUX CINQ CODES,

EXTRAITS DES BULLETINS DES LOIS,

AVEC

DES OBSERVATIONS.

DE L'IMPRIMERIE DE POULET,
QUAI DES AUGUSTINS, N°. 9.

CHANGEMENS

FAITS

AUX CINQ CODES,

EXTRAITS DES BULLETINS DES LOIS,

AVEC

DES OBSERVATIONS,

PAR JULIEN-MICHEL DUFOUR

(DE SAINT-PATHUS),

Avocat à la Cour Royale, ex-Juge au Tribunal du département de la Seine, auteur d'*Instructions sur les cinq Codes*, des *Additions aux cinq Codes*, et de divers autres Ouvrages de législation et de Jurisprudence.

A PARIS,

A la Librairie d'Education et de Jurisprudence d'ALEXIS EYMERY, rue Mazarine, n°. 30.

1817.

CHANGEMENS

FAITS

AUX CINQ CODES,

EXTRAITS DES BULLETINS DES LOIS,

AVEC

DES OBSERVATIONS. (1)

SA MAJESTÉ a rendu, le 17 juillet 1816, une ordonnance portant qu'il serait fait une nouvelle édition des cinq Codes. Cette ordonnance a été insérée au Bulletin des Lois, n°. 101, dans les termes suivans :

« LOUIS, par la grâce de Dieu, roi de France et de Navarre, à tous ceux qui ces présentes verront, salut.

_____

(1) Voyez-les à la suite des différens Codes

6

» Nous sommes trop convaincus des maux
que l'instabilité de la législation peut causer
dans un Etat, pour songer à une révision générale des cinq Codes qui étaient en vigueur
dans notre royaume au moment où nous avons
donné à nos peuples la Charte constitutionnelle; et nous nous réservons seulement de proposer des lois particulières pour réformer les
dispositions susceptibles d'être améliorées, ou
dans lesquelles le temps ou l'expérience nous
aurait fait appercevoir des imperfections. Mais
si de pareilles réformes ne peuvent être que l'ou-
vrage du temps et le fruit de longues médita-
tions, il est indispensable de supprimer dès
à présent des différens Codes les dénominations, expressions et formules qui ne sont plus
en harmonie avec les principes de notre gouvernement, et qui rappellent des temps et des
circonstances dont nous voudrions pouvoir
effacer jusqu'au souvenir.

» A ces causes, de l'avis de notre conseil,
et sur le rapport de notre amé et féal chevalier le chancelier de France, garde des sceaux,
chargé par *interim* du portefeuille de la justice,

» Nous avons ordonné et ordonnons ce qui
suit :

» ART. 1er. Les dénominations, expressions et formules qui rappellent les divers gouvernemens antérieurs à notre retour dans notre royaume, sont et demeurent effacées du Code civil, du Code de procédure civile, du Code de commerce, du Code d'instruction criminelle et du Code pénal, et elles y sont dès à présent remplacées par les dénominations, expressions et formules conformes au gouvernement établi par la Charte constitutionnelle.

» 2. Nous défendons, en conséquence, à nos cours et tribunaux, préfets, sous-préfets, conseillers de préfecture, et à tous autres nos officiers et sujets, d'employer, dans les citations qu'ils seraient obligés de faire d'aucune loi, arrêté, décret ou autre acte quelconque, les dénominations et expressions supprimées par l'article précédent.

» 3. Il sera fait incessamment, et sous la direction de notre chancelier, chargé par *interim* du portefeuille du département de la justice, une édition nouvelle des différens Codes, contenant les changemens ordonnés par la présente.

» 4. Dans l'édition présentement ordonnée,

la substance et la rédaction de tous les articles actuellement en vigueur demeurera textuellement la même.

» Cette édition contiendra ceux même des articles des différens Codes qui ont été abrogés ou modifiés par des Lois postérieures ; mais il sera fait mention, en note ou en marge, des lois qui les changent ou les modifient ; et ces lois seront imprimées à la suite desdits Codes.

» 5. Les éditions nouvelles des Codes seront soumises à notre approbation, et chacun des Codes sera inséré au Bulletin des Lois, sur lequel il sera libre à tous imprimeurs de notre royaume d'en faire eux-mêmes, et pour leur compte, telles éditions qu'ils jugeront convenables.

» 6. Notre chancelier est chargé de l'exécution de la présente ordonnance, à laquelle nos ministres secrétaires d'Etat tiendront la main, en ce qui les concerne, dans leurs départemens respectifs. »

En conséquence de l'ordonnance qu'on vient de lire, son excellence le

Chancelier de France a soumis au Roi une nouvelle édition des cinq Codes. Sa Majesté l'a adoptée, et elle a été publiée dans les Bulletins des Lois, n°s. 109 *bis*, 110 *bis*, 111 *bis*, 112 *bis* et 113 *bis*, avec l'ordonnance qui suit, en tête de chaque Code :

« LOUIS, par la grâce de Dieu, roi de France et de Navarre, à tous ceux qui ces présentes verront, salut.

» Vu notre ordonnance du 17 juillet 1816 ;

» Sur le rapport de notre amé et féal chevalier le chancelier de France, chargé du portefeuille du ministère de la justice,

» Nous avons ordonné et ordonnons ce qui suit :

» A compter du jour où la présente ordonnance aura dû recevoir son exécution dans chacun des départemens de notre royaume, il ne pourra plus être cité ni employé dans les actes sous seing privé et authentiques, plaidoieries, défenses écrites, consultations, ordonnances, jugemens, arrêts, arrêtés administratifs, ni dans aucun autre acte public de quelque nature qu'il soit, d'autre texte du Code civil que celui qui suit. » (1)

----

(1) Aux ordonnances en tête des autres Codes, il est dit : « *D'autre texte du Code de procédure civile… d'autre texte du Code de commerce, etc., que celui qui suit.* »

CODE CIVIL. (1)

TITRE PRÉLIMINAIRE.

*De la Publication, des Effets et de l'Application
des Lois en général.*

(Décrété le 5 mars 1803. Promulgué le 15 du
même mois.)

ARTICLE PREMIER. Les lois sont exécutoires dans tout le territoire français, en vertu
de la promulgation qui en est faite par le Roi.

Elles seront exécutées dans chaque partie
du Royaume, du moment où la promulgation
en pourra être connue.

La promulgation faite par le Roi sera réputée connue dans le département de la résidence royale, un jour après celui de la promulgation ; et dans chacun des autres départemens, après l'expiration du même délai,
augmenté d'autant de jours qu'il y aura de fois
dix myriamètres (environ vingt lieues anciennes) entre la ville où la promulgation en
aura été faite, et le chef-lieu de chaque département.

---

(1) Les Ordonnances du Roi mises en tête de ce
Code et des *Codes de procédure civile* et *de commerce*,
sont du 30 août 1816.

LIVRE PREMIER.

DES PERSONNES.

TITRE PREMIER.

De la Jouissance et de la Privation des Droits civils.

(Décrété le 8 mars 1803. Promulgué le 18 du même mois.)

13. L'ÉTRANGER qui aura été admis, par l'autorisation du Roi, à établir son domicile en France, y jouira de tous les droits civils, tant qu'il continuera d'y résider.

17. La qualité de Français se perdra, 1°. par la naturalisation acquise en pays étranger ; 2°. par l'acceptation non autorisée par le Roi, de fonctions publiques conférées par un gouvernement étranger ; 3°. enfin, par tout établissement fait en pays étranger sans esprit de retour.

Les établissemens de commerce ne pourront jamais être considérés comme ayant été faits sans esprit de retour.

18. Le Français qui aura perdu sa qualité de Français, pourra toujours la recouvrer en rentrant en France avec l'autorisation du Roi, et en déclarant qu'il veut s'y fixer, et qu'il renonce à toute distinction contraire à la loi française.

19. Une femme française qui épousera un étranger, suivra la condition de son mari.

Si elle devient veuve, elle recouvrera la qualité de Française, pourvu qu'elle réside en

France, ou qu'elle y rentre avec l'autorisation du Roi, et en declarant qu'elle veut s'y fixer.

21. Le Français qui, sans l'autorisation du Roi, prendrait du service militaire chez l'étranger, ou s'affilierait à une corporation militaire étrangère, perdra sa qualité de Français.

Il ne pourra rentrer en France qu'avec la permission du Roi, et recouvrer la qualité de Français, qu'en remplissant les conditions imposées à l'étranger pour devenir citoyen ; le tout sans préjudice des peines prononcées par la loi criminelle contre les Français qui ont porté ou porteront les armes contre leur patrie.

33. Les biens acquis par le condamné depuis la mort civile encourue, et dont il se trouvera en possession au jour de sa mort naturelle, appartiendront à l'Etat par droit de déshérence.

Néanmoins il est loisible au Roi de faire, au profit de la veuve, des enfans ou parens du condamné, telles dispositions que l'humanité lui suggérera.

TITRE II.

Des Actes de l'Etat civil.

(Décrété le 11 mars 1803. Promulgué le 21 du même mois.)

49. DANS tous les cas où la mention d'un acte relatif à l'état civil devra avoir lieu en

marge d'un autre acte déjà inscrit, elle sera faite, à la requête des parties intéressées, par l'officier de l'état civil, sur les registres courans ou sur ceux qui auront été déposés aux archives de la commune, et par le greffier du tribunal de première instance, sur les registres déposés au greffe ; à l'effet de quoi l'officier de l'état civil en donnera avis, dans les trois jours, au procureur du Roi près ledit tribunal, qui veillera à ce que la mention soit faite d'une manière uniforme sur les deux registres.

53. Le procureur du Roi au tribunal de première instance sera tenu de vérifier l'état des registres lors du dépôt qui en sera fait au greffe ; il dressera un procès-verbal sommaire de la vérification, dénoncera les contraventions ou délits commis par les officiers de l'état civil, et requerra contre eux la condamnation aux amendes.

59. S'il naît un enfant pendant un voyage de mer, l'acte de naissance sera dressé dans les vingt-quatre heures, en présence du père, s'il est présent, et de deux témoins pris parmi les officiers du bâtiment, ou, à leur défaut, parmi les hommes de l'équipage. Cet acte sera rédigé, savoir, sur les bâtimens du Roi, par l'officier d'administration de la marine ; et sur les bâtimens appartenant à un armateur ou négociant, par le capitaine, maître ou patron du navire. L'acte de naissance sera inscrit à la suite du rôle d'équipage.

72. L'acte de notoriété sera présenté au tribunal de première instance du lieu où doit se célébrer le mariage. Le tribunal, après avoir entendu le procureur du Roi, donnera ou refusera son homologation, selon qu'il trouvera suffisantes ou insuffisantes les déclarations des témoins, et les causes qui empêchent de rapporter l'acte de naissance.

86. En cas de décès pendant un voyage de mer, il en sera dressé acte dans les vingt-quatre heures, en présence de deux témoins pris parmi les officiers du bâtiment, ou, à leur défaut, parmi les hommes de l'équipage. Cet acte sera rédigé, savoir, sur les bâtimens du Roi, par l'officier d'administration de la marine, et sur les bâtimens appartenant à un négociant ou armateur, par le capitaine, maître ou patron du navire. L'acte de décès sera inscrit à la suite du rôle d'équipage.

88. Les actes de l'état civil faits hors du territoire du Royaume, concernant des militaires ou autres personnes employées à la suite des armées, seront rédigés dans les formes prescrites par les dispositions précédentes, sauf les exceptions contenues dans les articles suivans.

90. Il sera tenu, dans chaque corps de troupes, un registre pour les actes de l'état civil relatifs aux individus de ce corps, et un autre à l'état-major de l'armée ou d'un corps d'armée, pour les actes relatifs aux officiers sans troupes et aux employés ; ces registres seront

conservés de la même manière que les autres registres des corps et états-majors, et déposés aux archives de la guerre, à la rentrée des corps ou armées sur le territoire du Royaume.

99. Lorsque la rectification d'un acte de l'état civil sera demandée, il y sera statué, sauf l'appel, par le tribunal compétent, et sur les conclusions du procureur du Roi. Les parties intéressées seront appelées, s'il y a lieu.

TITRE III.
Du Domicile.

(Déc. le 14 mars 1803. Promulgué le 24 du même mois.)

TITRE IV.
Des Absens.

(Déc. le 15 mars 1803. Promulgué le 25 du même mois.)

116. POUR constater l'absence, le tribunal, d'après les pièces et documens produits, ordonnera qu'une enquête soit faite contradictoirement avec le procureur du Roi, dans l'arrondissement du domicile, et dans celui de la résidence, s'ils sont distincts l'un de l'autre.

118. Le procureur du Roi enverra, aussitôt qu'ils seront rendus, les jugemens, tant préparatoires que définitifs, au Ministre de la justice, qui les rendra publics.

123. Lorsque les héritiers présomptifs auront obtenu l'envoi en possession provisoire, le testament, s'il en existe un, sera ouvert à la réquisition des parties intéressées ou du

procureur du Roi près le tribunal; et les lé-
gataires, les donataires, ainsi que tous ceux
qui avaient sur les biens de l'absent des droits
subordonnés à la condition de son décès, pourront les exercer provisoirement, à la charge
de donner caution.

126. Ceux qui auront obtenu l'envoi provisoire, ou l'époux qui aura opté pour la con-
tinuation de la communauté, devront faire
procéder à l'inventaire du mobilier et des titres de l'absent, en présence du procureur du
Roi près le tribunal de première instance, ou
d'un juge de paix requis par ledit procureur
du Roi.

Le tribunal ordonnera, s'il y a lieu, de
vendre tout ou partie du mobilier. Dans le
cas de vente, il sera fait emploi du prix ainsi
que des fruits échus.

Ceux qui auront obtenu l'envoi provisoire
pourront requérir, pour leur sûreté, qu'il soit
procédé, par un expert nommé par le tribunal, à la visite des immeubles, à l'effet d'en
constater l'état. Son rapport sera homologué
en présence du procureur du Roi; les frais
en seront pris sur les biens de l'absent.

TITRE V.
Du Mariage.

(Déc. le 17 mars 1803. Promulgué le 27 du même mois.)

145. NÉANMOINS il est loisible au Roi d'accorder des dispenses d'âge pour des motifs
graves.

2

(Articles 152, 153, 154, 155, 156 et 157,
décrétés le 12 mars 1804. Promulgués le 22
du même mois.)

156. Les officiers de l'état civil qui auraient
procédé à la célébration des mariages contractés par des fils n'ayant pas atteint l'âge de
vingt-cinq ans accomplis, ou par des filles
n'ayant pas atteint l'âge de vingt-un ans accomplis, sans que le consentement des pères
et mères, celui des aïeuls ou aïeules et celui
de la famille, dans le cas où ils sont requis,
soient énoncés dans l'acte de mariage, seront,
à la diligence des parties intéressées et du
procureur du Roi près le tribunal de première instance du lieu où le mariage aura été
célébré, condamnés à l'amende portée par
l'article 192, et, en outre, à un emprisonnement
dont la durée ne pourra être moindre de six
mois.

164. Néanmoins il est loisible au Roi de
lever, pour des causes graves, les prohibi-
tions portées au précédent article.

169. Il est loisible au Roi ou aux officiers
qu'il préposera à cet effet, de dispenser, pour
des causes graves, de la seconde publication.

171. Dans les trois mois après le retour du
Français sur le territoire du Royaume, l'acte
de célébration du mariage contracté en pays
étranger sera transcrit sur le registre public
des mariages du lieu de son domicile.

190. Le procureur du Roi, dans tous les
cas auxquels s'applique l'article 184, et sous

les modifications portées en l'article 185, peut et doit demander la nullité du mariage du vivant des deux époux, et les faire condamner à se séparer.

192. Si le mariage n'a point été précédé des deux publications requises, ou s'il n'a pas été obtenu des dispenses permises par la loi, ou si les intervalles prescrits dans les publications et célébrations n'ont point été observés, le procureur du Roi fera prononcer contre l'officier public une amende qui ne pourra excéder trois cents francs; et contre les parties contractantes, ou ceux sous la puissance desquels elles ont agi, une amende proportionnée à leur fortune.

199. Si les époux ou l'un d'eux sont décédés sans avoir découvert la fraude, l'action criminelle peut être intentée par tous ceux qui ont intérêt de faire déclarer le mariage valable, et par le procureur du Roi.

200. Si l'officier public est décédé lors de la découverte de la fraude, l'action sera dirigée au civil contre ses héritiers, par le procureur du Roi, en présence des parties intéressées et sur leur dénonciation.

227. Le mariage se dissout,

1º. Par la mort de l'un des époux;

2º. Par le divorce légalement prononcé (1);

3º. Par la condamnation devenue définitive

---

(1) Voyez la note sur le titre VI.

de l'un des époux, à une peine emportant mort civile,

TITRE VI.

Du Divorce (1).

(Décrété le 21 mars 1803. Promulgué le 31 du même mois.)

235. Si quelques-uns des faits allégués par l'époux demandeur donnent lieu à une poursuite criminelle de la part du ministère public, l'action en divorce restera suspendue jusqu'après l'arrêt de la cour d'assises ; alors elle pourra être reprise, sans qu'il soit permis d'inférer de l'arrêt aucune fin de non recevoir ou exception préjudicielle contre l'époux demandeur.

239. Au jour indiqué, le juge fera aux deux époux, s'ils se présentent, ou au demandeur, s'il est seul comparant, les représentations qu'il croira propres à opérer un rapprochement ; s'il ne peut y parvenir, il en dressera procès-verbal, et ordonnera la communication de la demande et des pièces au ministère public, et le référé du tout au tribunal.

240. Dans les trois jours qui suivront, le tribunal, sur le rapport du président ou du juge qui en aura fait les fonctions, et sur les conclusions du ministère public, accordera

____

(1) *Loi du* 8 *mai* 1816. Art. 1er, « Le divorce est
» aboli. »

ou suspendra la permission de citer. La suspension ne pourra excéder le terme de vingt jours.

245. Le tribunal renverra les parties à l'audience publique, dont il fixera le jour et l'heure ; il ordonnera la communication de la procédure au ministère public, et commettra un rapporteur. Dans le cas où le défendeur n'aurait pas comparu, le demandeur sera tenu de lui faire signifier l'ordonnance du tribunal, dans le délai qu'elle aura déterminé.

246. Au jour et à l'heure indiqués sur le rapport du juge-commis, le ministère public entendu, le tribunal statuera d'abord sur les fins de non recevoir, s'il en a été proposé. En cas qu'elles soient trouvées concluantes, la demande en divorce sera rejetée ; dans le cas contraire, ou s'il n'a pas été proposé de fins de non recevoir, la demande en divorce sera admise.

247. Immédiatement après l'admission de la demande en divorce, sur le rapport du juge-commis, le ministère public entendu, le tribunal statuera au fond. Il fera droit à la demande, si elle lui paraît en état d'être jugée ; sinon, il admettra le demandeur à la preuve des faits pertinens par lui allégués, et le défendeur à la preuve contraire.

248. A chaque acte de la cause, les parties pourront, après le rapport du juge, et avant que le ministère public ait pris la parole, proposer ou faire proposer leurs moyens respec-

tifs , d'abord sur les fins de non recevoir , et ensuite sur le fond ; mais en aucun cas le conseil du demandeur ne sera admis , si le demandeur n'est pas comparant en personne.

250. Les parties proposeront de suite leurs reproches respectifs contre les témoins qu'elles voudront écarter. Le tribunal statuera sur ces reproches , après avoir entendu le ministère public.

253. Les dépositions des témoins seront reçues par le tribunal séant à huis clos , en présence du ministère public , des parties , et de leurs conseils ou amis , jusqu'au nombre de trois de chaque côté.

256. Après la clôture des deux enquêtes ou de celle du demandeur , si le défendeur n'a pas produit de témoins , le tribunal renverra les parties à l'audience publique , dont il indiquera le jour et l'heure ; il ordonnera la communication de la procédure au ministère public , et commettra un rapporteur. Cette ordonnance sera signifiée au défendeur , à la requête du demandeur , dans le délai qu'elle aura déterminé.

257. Au jour fixé pour le jugement définitif , le rapport sera fait par le juge-commis : les parties pourront ensuite faire , par elles-mêmes ou par l'organe de leurs conseils, telles observations qu'elles jugeront utiles à leur cause ; après quoi le ministère public donnera ses conclusions.

261. Lorsque le divorce sera demandé par

la raison qu'un des époux est condamné à une peine infamante, les seules formalités à observer consisteront à présenter au tribunal de première instance une expédition en bonne forme du jugement de condamnation, avec un certificat de la cour d'assises, portant que ce même jugement n'est plus susceptible d'être réformé par aucune voie légale.

262. En cas d'appel du jugement d'admission ou du jugement définitif rendu par le tribunal de première instance en matière de divorce, la cause sera instruite et jugée par la cour royale, comme affaire urgente.

267. L'administration provisoire des enfans restera au mari demandeur ou défendeur en divorce, à moins qu'il n'en soit autrement ordonné par le tribunal, sur la demande soit de la mère, soit de la famille, ou du ministère public, pour le plus grand avantage des enfans.

288. Le juge mettra de suite au bas de ce procès-verbal son ordonnance, portant que, dans les trois jours, il sera par lui référé du tout au tribunal en la chambre du conseil, sur les conclusions par écrit du ministère public, auquel les pièces seront à cet effet communiquées par le greffier.

289. Si le ministère public trouve dans les pièces la preuve que les deux époux étaient âgés, le mari de vingt-cinq ans, la femme de vingt-un ans, lorsqu'ils ont fait leur première déclaration; qu'à cette époque ils étaient ma-

riés depuis deux ans ; que le mariage ne remontait pas à plus de vingt ; que la femme avait moins de quarante-cinq ans ; que le consentement mutuel a été exprimé quatre fois dans le cours de l'année, après les préalables ci-dessus prescrits, et avec toutes les formalités requises par le présent chapitre, notamment avec l'autorisation des pères et mères des époux, ou avec celle de leurs autres ascendans vivans, en cas de prédécès des pères et mères, il donnera ses conclusions en ces termes : *La loi permet;* dans le cas contraire, ses conclusions seront en ces termes : *La loi empêche.*

292. Les actes d'appel seront réciproquement signifiés tant à l'autre époux qu'au ministère public près le tribunal de première instance.

293. Dans les dix jours, à compter de la signification qui lui aura été faite du second acte d'appel, le ministère public près le tribunal de première instance fera passer au procureur-général près la cour royale, l'expédition du jugement, et les pièces sur lesquelles il est intervenu. Le procureur-général près la cour royale donnera ses conclusions par écrit, dans les dix jours qui suivront la réception des pièces : le président, ou le juge qui le suppléera, fera son rapport à la cour royale, en la chambre du conseil, et il sera statué définitivement dans les dix jours qui suivront la remise des conclusions du procureur-général.

302. Les enfans seront confiés à l'époux qui a obtenu le divorce, à moins que le tribunal, sur la demande de la famille, ou du ministère public, n'ordonne, pour le plus grand avantage des enfans, que tous ou quelques-uns d'eux seront confiés aux soins soit de l'autre époux, soit d'une tierce personne.

TITRE VII.

De la Paternité et de la Filiation.

(Décrété le 23 mars 1803. Promulgué le 2 avril.)

TITRE VIII.

De l'Adoption et de la Tutelle officieuse.

(Décrété le 23 mars 1803. Promulgué le 2 avril.)

354. UNE expédition de cet acte sera remise, dans les dix jours suivans, par la partie la plus diligente, au procureur du Roi près le tribunal de première instance dans le ressort duquel se trouvera le domicile de l'adoptant, pour être soumis à l'homologation de ce tribunal.

356. Après avoir entendu le procureur du Roi, et sans aucune autre forme de procédure, le tribunal prononcera, sans énoncer de motifs, en ces termes : *Il y a lieu,* ou *il n'y a pas lieu à l'adoption.*

357. Dans le mois qui suivra le jugement

du tribunal de première instance, ce jugement sera, sur les poursuites de la partie la plus diligente, soumis à la cour royale, qui instruira dans les mêmes formes que le tribunal de première instance, et prononcera, sans énoncer de motifs : *Le jugement est confirmé*, ou *le jugement est réformé; en conséquence, il y a lieu*, ou *il n'y a pas lieu à l'adoption*.

358. Tout arrêt de la cour royale qui admettra une adoption, sera prononcé à l'audience, et affiché en tels lieux et en tel nombre d'exemplaires que le tribunal jugera convenables.

359. Dans les trois mois qui suivront ce jugement, l'adoption sera inscrite, à la réquisition de l'une ou de l'autre des parties, sur le registre de l'état civil du lieu où l'adoptant sera domicilié.

Cette inscription n'aura lieu que sur le vu d'une expédition, en forme, du jugement de la cour royale; et l'adoption restera sans effet si elle n'a pas été inscrite dans ce délai.

360. Si l'adoptant venait à mourir après que l'acte constatant la volonté de former le contrat d'adoption a été reçu par le juge de paix et porté devant les tribunaux, et avant que ceux-ci eussent définitivement prononcé, l'instruction sera continuée, et l'adoption admise s'il y a lieu.

Les héritiers de l'adoptant pourront, s'ils croient l'adoption inadmissible, remettre au procureur du Roi tous mémoires et observations à ce sujet.

TITRE IX.

De la Puissance Paternelle.

(Décrété le 24 mars 1803. Promulgué le 3 avril.)

377. DEPUIS l'âge de seize ans commencés jusqu'à la majorité ou l'émancipation, le père pourra seulement requérir la détention de son enfant pendant six mois au plus ; il s'adressera au président dudit tribunal, qui, après en avoir conféré avec le procureur du Roi, délivrera l'ordre d'arrestation ou le refusera, et pourra, dans le premier cas, abréger le temps de la détention requis par le père.

382. Lorsque l'enfant aura des biens personnels, ou lorsqu'il exercera un état, sa détention ne pourra, même au-dessous de seize ans, avoir lieu que par voie de réquisition, en la forme prescrite par l'art. 377.

L'enfant détenu pourra adresser un mémoire au procureur-général près la cour royale. Celui-ci se fera rendre compte par le procureur du Roi près le tribunal de première instance, et fera son rapport au président de la cour royale, qui, après en avoir donné avis au père, et après avoir recueilli tous les renseignemens, pourra révoquer ou modifier l'ordre délivré par le président du tribunal de première instance.

TITRE X.

De la Minorité, de la Tutelle et de l'Emancipation.

(Décrété le 26 mars 1803. Promulgué le 5 avril.)

427. SONT dispensés de la tutelle,

Les personnes désignées dans les titres III, V, VI, VIII, IX, X et XI de l'acte du 18 mai 1804 (1) ;

Les présidens et conseillers à la cour de cassation (2), le procureur-général et les avocats-généraux en la même cour ;

Les préfets ;

Tous citoyens exerçant une fonction publique dans un département autre que celui où la tutelle s'établit.

428.. Sont également dispensés de la tutelle,

Les militaires en activité de service, et tous autres citoyens qui remplissent, hors du territoire du Royaume, une mission du Roi.

436. Ceux qui ont cinq enfans légitimes,

---

(1) Plusieurs des places et titres auxquels cette dispense s'applique, n'existent plus.

(2) *Loi du 16 septembre 1807*, art. 7. « La Cour des » comptes prend rang immédiatement après la Cour » de cassation, et *jouit des mêmes prérogatives.* »

sont dispensés de toute tutelle autre que celle desdits enfans.

Les enfans morts en activité de service, dans les armées du Roi, seront toujours comptés pour opérer cette dispense.

Les autres enfans morts ne seront comptés qu'autant qu'ils auront eux-mêmes laissé des enfans actuellement existans.

458. Les délibérations du conseil de famille relatives à cet objet, ne seront exécutées qu'après que le tuteur en aura demandé et obtenu l'homologation devant le tribunal de première instance, qui y statuera en la chambre du conseil, et après avoir entendu le procureur du Roi.

467. Le tuteur ne pourra transiger au nom du mineur, qu'après y avoir été autorisé par le conseil de famille, et de l'avis de trois jurisconsultes désignés par le procureur du Roi près le tribunal de première instance.

La transaction ne sera valable qu'autant qu'elle aura été homologuée par le tribunal de première instance, après avoir entendu le procureur du Roi.

483. Le mineur émancipé ne pourra faire d'emprunts, sous aucun prétexte, sans une délibération du conseil de famille, homologuée par le tribunal de première instance, après avoir entendu le procureur du Roi.

TITRE XI.

De la Majorité, de l'Interdiction et du Conseil judiciaire.

(Décrété le 29 mars 1803. Promulgué le 8 avril.)

495. DANS le cas de fureur, si l'interdiction n'est provoquée ni par l'époux, ni par les parens, elle doit l'être par le procureur du Roi, qui, dans les cas d'imbécillité ou de démence, peut aussi la provoquer contre un individu qui n'a ni époux, ni épouse, ni parens connus.

496. Après avoir reçu l'avis du conseil de famille, le tribunal interrogera le défendeur à la chambre du conseil : s'il ne peut s'y présenter, il sera interrogé en sa demeure, par l'un des juges à ce commis, assisté du greffier. Dans tous les cas, le procureur du Roi sera présent à l'interrogatoire.

500. En cas d'appel du jugement rendu en première instance, la cour royale pourra, si elle le juge nécessaire, interroger de nouveau, ou faire interroger par un commissaire, la personne dont l'interdiction est demandée.

511. Lorsqu'il sera question du mariage de l'enfant d'un interdit, la dot, ou l'avancement d'hoirie, et les autres conventions matrimoniales, seront réglés par un avis du conseil de famille, homologué par le tribunal, sur les conclusions du procureur du Roi.

LIVRE II.

DES BIENS, ET DES DIFFÉRENTES MODIFICATIONS DE LA PROPRIÉTÉ.

TITRE PREMIER.

De la Distinction des Biens.

(Décrété le 25 janvier 1804. Promulgué le 4 février.)

(Art. 530, décrété le 21 mars 1804. Promulgué le 31 du même mois.)

TITRE II.

De la Propriété.

(Décrété le 27 janvier 1804. Promulgué le 6 février.)

TITRE III.

De l'Usufruit, de l'Usage et de l'Habitation.

(Décrété le 30 janvier 1804. Promulgué le 9 février.)

598. Il jouit aussi, de la même manière que le propriétaire, des mines et carrières qui sont en exploitation à l'ouverture de l'usufruit; et néanmoins, s'il s'agit d'une exploitation qui ne puisse être faite sans une concession, l'usufruitier ne pourra en jouir qu'après en avoir obtenu la permission du Roi.

Il n'a aucun droit aux mines et carrières non encore ouvertes ni aux tourbières dont l'exploitation n'est point encore commencée,

ni au trésor qui pourrait être découvert pendant la durée de l'usufruit.

TITRE IV.

Des Servitudes ou Services fonciers.

(Décrété le 31 janvier 1804. Promulgué le 10 février.)

LIVRE III.

DES DIFFÉRENTES MANIÈRES DONT ON ACQUIERT LA PROPRIÉTÉ.

Dispositions générales.

(Déc. le 19 avril 1803. Promulg. le 29 du même mois.)

TITRE PREMIER.

Des Successions.

(Déc. le 19 avril 1803. Promulg. le 29 du même mois.)

726. Un étranger n'est admis à succéder
aux biens que son parent, étranger ou Français, possède dans le territoire du Royaume,
que dans les cas et de la manière dont un Français succède à son parent possédant des biens
dans le pays de cet étranger, conformément
aux dispositions de l'article 11, au titre *de la
Jouissance et de la Privation des Droits civils.*

767. Lorsque le défunt ne laisse ni parens
au degré successible, ni enfans naturels, les

biens de sa succession appartiennent au conjoint non divorcé (1) qui lui survit.

770. Ils doivent demander l'envoi en possession au tribunal de première instance, dans le ressort duquel la succession est ouverte. Le tribunal ne peut statuer sur la demande qu'après trois publications et affiches dans les formes usitées, et après avoir entendu le procureur du Roi.

812. Le tribunal de première instance, dans l'arrondissement duquel elle est ouverte, nomme un curateur sur la demande des personnes intéressées, ou sur la réquisition du procureur du Roi.

813. Le curateur à une succession vacante est tenu, avant tout, d'en faire constater l'état par un inventaire : il en exerce et poursuit les droits ; il répond aux demandes formées contre elle ; il administre, sous la charge de faire verser le numéraire qui se trouve dans la succession, ainsi que les deniers provenant du prix des meubles ou immeubles vendus, dans la caisse du receveur de la régie royale, pour la conservation des droits, et à la charge de rendre comte à qui il appartiendra.

819. Si tous les héritiers sont présens et majeurs, l'apposition des scellés sur les effets de la succession n'est pas nécessaire, et le partage peut être fait dans la forme et par tel

____

(1) Voyez la note sur le titre VI du livre I.

acte que les parties intéressées jugent convenables.

Si tous les héritiers ne sont pas présens, s'il y a parmi eux des mineurs ou des interdits, le scellé doit être apposé dans le plus bref délai, soit à la requête des héritiers, soit à la diligence du procureur du Roi près le tribunal de première instance, soit d'office par le juge de paix dans l'arrondissement duquel la succession est ouverte.

TITRE II.

Des Donations entre-vifs et des Testamens.

(Déc. le 3 mai 1803. Promulg. le 13 du même mois.)

896. LES substitutions sont prohibées.

Toute disposition par laquelle le donataire, l'héritier institué, ou le légataire, sera chargé de conserver et de rendre à un tiers, sera nulle, même à l'égard du donataire, de l'héritier institué ou du légataire.

Néanmoins les biens libres formant la dotation d'un titre héréditaire que le Roi aurait érigé en faveur d'un prince ou d'un chef de famille, pourront être transmis héréditairement, ainsi qu'il est réglé par l'acte du 30 mars 1806, et par celui du 14 août suivant.

910. Les dispositions entre-vifs ou par testament, au profit des hospices, des pauvres d'une commune ou d'établissemens d'utilité publique, n'auront leur effet qu'autant

qu'elles seront autorisées par une ordonnance royale.

980. Les témoins appelés pour être présens aux testamens, devront être mâles, majeurs, sujets du Roi, jouissant des droits civils.

988. Les testamens faits sur mer, dans le cours d'un voyage, pourront être reçus, savoir,

A bord des vaisseaux et autres bâtimens du Roi, par l'officier commandant le bâtiment, ou, à son défaut, par celui qui le supplée dans l'ordre du service, l'un ou l'autre conjointement avec l'officier d'administration ou avec celui qui en remplit les fonctions ;

Et à bord des bâtimens de commerce, par l'écrivain du navire ou celui qui en fait les fonctions, l'un ou l'autre conjointement avec le capitaine, le maître ou le patron, ou à leur défaut, par ceux qui les remplacent.

Dans tous les cas, ces testamens devront être reçus en présence de deux témoins.

989. Sur les bâtimens du Roi, le testament du capitaine ou celui de l'officier d'administration, et, sur les bâtimens de commerce, celui du capitaine, du maître ou patron, ou celui de l'écrivain, pourront être reçus par ceux qui viennent après eux dans l'ordre du service, en se conformant pour le surplus aux dispositions de l'article précédent.

1057. Le grevé qui n'aura pas satisfait à l'article précédent, sera déchu du bénéfice de la disposition ; et dans ce cas, le droit pourra être déclaré ouvert au profit des appelés, à la diligence, soit des appelés s'ils sont majeurs, soit de leur tuteur ou curateur s'ils sont mineurs ou interdits, soit de tout parent des appelés majeurs, mineurs ou interdits, ou même d'office, à la diligence du procureur du Roi près le tribunal de première instance du lieu où la succession est ouverte.

TITRE III.

Des Contrats ou des Obligations conventionnelles en général.

(Déc. le 7 février 1804. Promulg. le 17 du même mois.)

TITRE IV.

Des Engagemens qui se forment sans convention.

(Déc. le 9 février 1804. Promulg. le 19 du même mois)

TITRE V.

Du Contrat de Mariage, et des Droits respectifs des Epoux.

(Déc. le 10 février 1804. Prom. le 20 du même mois.)

1441. La communauté se dissout, 1°. par la mort naturelle; 2°. par la mort civile; 3°. par le divorce (1), 4°. par la séparation de corps; 5°. par les séparations de biens.

---

(1) Voyez la note sur le titre VI du livre I.

1452. La dissolution de communauté opérée par le divorce (1), ou par la séparation
soit de corps et de biens, soit de biens seulement, ne donne pas ouverture aux droits de
survie de la femme; mais celle-ci conserve la
faculté de les exercer lors de la mort naturelle
ou civile de son mari.

1463. La femme divorcée (2) ou séparée de
corps, qui n'a point dans les trois mois, et quarante jours après le divorce ou la séparation
définitivement prononcés, accepté la communauté, est censée y avoir renoncé, à moins qu'é-
tant encore dans le délai, elle n'en ait obtenu
la prorogation en justice, contradictoirement
avec le mari, ou lui dûment appelé.

TITRE VI.

De la Vente.

(Déc. le 6 mars 1804. Promulg. le 16 du même mois.)

1597. LES juges, leurs suppléans, les ma-
gistrats remplissant le ministère public, les
greffiers, huissiers, avoués, défenseurs offi-
cieux (3) et notaires, ne peuvent devenir ces-
sionnaires des procès, droits et actions liti-

---

(1) Voyez la note sur le titre VI du livre I.
(2) Voyez la même note.
(3) La profession d'avocat a été rétablie par la loi
du 13 mars 1804 (22 ventôse an 12), et organisée
par le réglement du 14 décembre 1810.

4

gieux qui sont de la compétence du tribunal dans le ressort duquel ils exercent leurs fonctions, à peine de nullité, et des dépens, dommages et intérêts.

TITRE VII.

De l'Echange.

(Déc. le 7 mars 1804. Promulg. le 17 du même mois.)

TITRE VIII.

Du Contrat de Louage.

(Déc. le 7 mars 1804. Promulgué le 17 du même mois.)

TITRE IX.

Du Contrat de Société.

(Déc. le 8 mars 1804. Promulgué le 18 du même mois.)

TITRE X.

Du Prêt.

(Déc. le 9 mars 1804. Promulgué le 19 du même mois.)

TITRE XI.

Du Dépôt et du Séquestre.

(Déc. le 14 mars 1804. Promulgué le 24 du même mois.)

TITRE XII.

Des Contrats aléatoires.

(Déc. le 10 mars 1804. Promulgué le 20 du même mois.)

TITRE XIII.

Du Mandat.

(Déc. le 10 mars 1804 Promulg. le 20 du même mois.)

TITRE XIV.

Du Cautionnement.

(Déc. le 14 mars 1804. Promulg. le 24 du même mois.)

2018. Le débiteur obligé à fournir caution doit en présenter une..... dont le domicile soit dans le ressort de la cour royale où elle doit être donnée.

2023. La caution qui requiert la discussion doit indiquer au créancier les biens du débiteur principal, et avancer les deniers suffisans pour faire la discussion.

Elle ne doit indiquer ni des biens du débiteur principal situés hors de l'arrondissement de la cour royale du lieu où le paiement doit être fait, ni des biens litigieux, ni ceux hypothéqués à la dette qui ne sont plus en la possession du débiteur.

TITRE XV.

Des Transactions.

(Déc. le 20 mars 1804. Promulg. le 30 du même mois.)

2045. Pour transiger, il faut avoir la capacité de disposer des objets compris dans la transaction.

Le tuteur ne peut transiger pour le mineur ou l'interdit que conformément à l'art. 467, au titre *de la Minorité, de la Tutelle et de l'Eman-*

cipation ; et il ne peut transiger avec le mineur devenu majeur sur le compte de tutelle , que conformément à l'article 472 , au même titre.

Les communes et établissemens publics ne peuvent transiger qu'avec l'autorisation expresse du Roi.

TITRE XVI.

De la Contrainte par Corps en matière civile.

(Déc. le 13 février 1804. Prom. le 23 du même mois.)

TITRE XVII.

Du Nantissement.

(Déc. le 16 mars 1804. Prom. le 26 du même mois.)

TITRE XVIII.

Des Priviléges et Hypothèques.

(Déc. le 19 mars 1804. Prom. le 29 du même mois.)

2098. Le privilége, à raison des droits du Trésor royal, et l'ordre dans lequel il s'exerce, sont réglés par les lois qui les concernent.

Le Trésor royal ne peut cependant obtenir de privilége au préjudice des droits antérieurement acquis à des tiers.

2138. A défaut par les maris , tuteurs , subrogés tuteurs , de faire faire les inscriptions ordonnées par les articles précédens, elles seront requises par le procureur du Roi près le tribunal de première instance du domicile des maris et tuteurs , ou du lieu de la situation des biens.

2145. Les jugemens sur les demandes des maris et des tuteurs ne seront rendus qu'après avoir entendu le procureur du Roi, et contradictoirement avec lui.

Dans le cas où le tribunal prononcera la réduction de l'hypothèque à certains immeubles, les inscriptions prises sur tous les autres seront rayées.

2194. A cet effet, ils déposeront copie dûment collationnée du contrat translatif de propriété au greffe du tribunal civil du lieu de la situation des biens, et ils certifieront, par acte signifié tant à la femme ou au subrogé tuteur, qu'au procureur du Roi près le tribunal, le dépôt qu'ils auront fait. Extrait de ce contrat, contenant sa date, les noms, prénoms, professions et domiciles des contractans, la désignation de la nature et de la situation des biens, le prix et les autres charges de la vente, sera et restera affiché pendant deux mois dans l'auditoire du tribunal ; pendant lequel temps les femmes, les maris, tuteurs , subrogés tuteurs , mineurs, interdits, parens ou amis, et le procureur du Roi, seront reçus à requérir s'il y a lieu , et à faire faire au bureau du conservateur des hypothèques, des inscriptions sur l'immeuble aliéné, qui auront le même effet que si elles avaient été prises le jour du contrat de mariage, ou le jour de l'entrée en gestion du tuteur; sans préjudice des poursuites qui pourraient avoir lieu contre les maris et les tuteurs, ainsi qu'il a été dit ci-dessus, pour hypothèques par eux consenties au profit de tierces personnes sans leur avoir déclaré que les immeubles étaient déjà grevés d'hypothèques, en raison du mariage ou de la tutelle.

TITRE XIX.

De l'Expropriation forcée et des Ordres entre les créanciers.

(Déc. le 19 mars 1804. Prom. le 29 du même mois.)

TITRE XX.

De la Prescription.

(Déc. le 15 mars 1804. Prom. le 25 du même mois.)

2224. LA prescription peut être opposée en tout état de cause, même devant la cour royale, à moins que la partie qui n'aurait pas opposé le moyen de la prescription ne doive, par les circonstances, être présumée y avoir renoncé.

2265. Celui qui acquiert de bonne foi et par juste titre un immeuble, en prescrit la propriété par dix ans, si le véritable propriétaire habite dans le ressort de la cour royale dans l'étendue de laquelle l'immeuble est situé, et par vingt ans, s'il est domicilié hors dudit ressort.

FIN DU CODE CIVIL.

» Notre chancelier et nos ministres sont chargés, chacun en ce qui le concerne, de l'exécution de la présente ordonnance, qui sera insérée au Bulletin des Lois.

» Donné en notre château des Tuileries, le 3o août de l'an de grâce 1816, et de notre règne le vingt-deuxième.

» *Signé* LOUIS.

» Par le Roi,

» *Le chancelier de France,*

» *Signé* Dambray. »

OBSERVATIONS.

SA MAJESTÉ ayant dit, dans l'article 4 de son ordonnance du 17 juillet, qu'il serait fait mention en note ou en marge des lois qui changent ou modifient les Codes, que ces lois seraient imprimées à la suite desdits Codes, et quelques-unes seulement se trouvant citées en note sur quelques articles de l'édition officielle,

Doivent être rapprochées du Code civil, les lois *transitoires*, savoir,

Celle relative aux *adoptions faites avant la publication du titre 8 du Code civil,* décrétée le 15 avril 1803, publiée le 25;

Celle relative aux *divorces prononcés ou de-*
mandés avant la publication du titre 6, décrétée
le 16 avril 1803, publiée le 26;

Celle relative au *mode de réglement de l'état*
et des droits des enfans naturels, décrétée le 4
mai 1803 et publiée le 14;

L'arrêté du gouvernement sur le *mode de*
délivrance des dispenses relatives au mariage, du
9 juin 1803;

La loi sur la *réunion des lois civiles en un seul*
corps, sous le titre de Code civil des Français, du
21 mars 1804, publiée le 31, et particulièrement l'art. 7 de cette loi, portant : «A compter
» du jour où ces lois sont exécutoires, les lois
» romaines, les ordonnances, les coutumes gé-
» nérales ou locales, les statuts, les réglemens
» cessent d'avoir force de loi générale ou par-
» ticulière dans les matières qui sont l'objet
» desdites lois composant le présent Code ; »

(Ces lois et arrêtés se trouvent dans presque
toutes les éditions du Code civil et des cinq
Codes qui ont été publiées antérieurement.)

La loi du 10 septembre 1807, relative à
l'arrestation des étrangers pour dettes contractées
envers des Français : on pourrait l'annoter sur
l'article 14 du Code civil;

La loi du 3 septembre 1807, sur l'*intérêt*
légal et l'intérêt conventionnel, et les décrets y
relatifs des 15 et 18 janvier 1814 : on pourrait les annoter sur l'article 1907;

La loi du 3 septembre 1807, relative à
l'inscription hypothécaire qui peut être prise, en

vertu de jugement rendu sur une demande en reconnaissance d'obligation sous seing privé formée avant l'échéance : on peut l'annoter sur l'article 2123 ;

La loi du 16 septembre 1807, sur l'*interprétation de la loi* : elle pourrait être annotée sur l'article 4 ;

La loi du 8 mars 1810, sur les *expropriations pour cause d'utilité publique* : on peut l'annoter sur l'article 545 ;

Les deux lois du 5 septembre 1807, relatives au *privilége et à l'hypothèque du trésor public* : on peut les annoter sur l'art. 2098 et sur l'art. 2121 ;

La loi du 18 janvier 1805, sur les *consignations à la caisse d'amortissement* : on peut l'annoter sur l'article 1257 ;

La loi du 4 février 1805, sur la *tutelle des enfans admis dans les hospices* : on peut l'annoter sur l'article 361 ;

La loi du 28 janvier 1804, concernant l'*enregistrement et la transcription des donations faites aux pauvres et aux hôpitaux* : on peut l'annoter sur l'article 939.

La loi du 4 septembre 1807, sur les *rectifications d'inscriptions hypothécaires* : on peut l'annoter sur l'article 2148 ;

La loi du 14 novembre 1808, relative à la *saisie immobilière des biens d'un débiteur situés dans plusieurs arrondissemens* : on peut l'annoter sur l'article 2211.

La loi du 24 mars 1806, relative au *transfert des rentes de 50 fr. et au-dessous appartenant à des mineurs ou à des interdits* : on peut l'annoter sur l'article 482 ;

La loi du 29 février 1809, sur le *partage des biens communaux* : on peut l'annoter sur l'article 542 ;

Le décret du 17 mars 1809, *sur la naturalisation des étrangers*; ceux des 19 février 1806 et 20 décembre 1810, *sur l'abolition des droits d'aubaine envers les sujets de telles puissances y désignées* : on peut les annoter sur l'art. 11 ;

L'acte du 19 février 1808, *sur l'admission des étrangers à la jouissance du droit de citoyen français* : on peut l'annoter sur l'art. 13 ;

L'avis du conseil d'état du 19 août 1809, approuvé le 20 septembre, *sur l'administration des biens des condamnés par contumace* : on peut l'annoter sur l'article 28 ;

Le décret du 20 juillet 1807, *sur les tables décennales des actes de l'état civil* : on peut l'annoter sur l'article 34 ;

Le décret du 4 juillet 1806, *sur la réduction de l'acte constatant qu'un enfant a été présenté sans vie* : on peut l'annoter sur l'article 81 ;

Celui du 23 juillet 1805, *sur les inhumations qui ne peuvent être faites sans l'autorisation donnée par l'officier de l'état civil* : on peut l'annoter sur l'article 77 ;

Le décret du 12 juillet 1807, contenant le

tarif des droits à percevoir pour les actes de l'état civil : on peut l'annoter sur l'article 45 ;

L'avis du conseil d'état du 23 février 1808, approuvé le 4 mars, *sur la transcription sur les registres, des jugemens de rectification des actes de l'état civil*, et celui du 19 mars 1808, approuvé le 30, énonçant *les cas où la rectification des registres n'est pas nécessaire* : on peut les annoter sur l'article 101 ;

Les décrets des 16 juin, 3 et 28 août 1808, *sur les autorisations nécessaires pour les mariages des militaires* : on peut les annoter sur l'article 165.

L'avis du conseil d'état du 22 décembre 1807, approuvé le 11 janvier 1808, concernant *la retenue à faire du tiers sur la pension ou solde de retraite d'un militaire en faveur de sa femme et de ses enfans* : on peut l'annoter sur l'article 214 ;

Le décret du 1er. mars 1808, relatif aux majorats, pour *l'immobilisation des rentes sur l'Etat et des actions de la banque de France* : on peut l'annoter sur l'article 529 ;

La loi du 21 avril 1810, *déclarant immeubles les mines et les machines et ustensiles nécessaires à leur exploitation* : annotable sur le même article 529 ;

Le décret du 22 janvier 1808, *sur le passage à laisser par les propriétaires riverains pour le chemin de halage* : on peut l'annoter sur l'article 556 ;

L'avis du conseil d'état du 21 janvier 1809 , approuvé le 2 février , *sur le paiement des contributions foncieres par l'emphytéote :* annotable sur l'article 608 ;

L'avis du conseil d'état du 14 octobre 1809 , approuvé le 3 novembre , *relatif aux effets mobiliers des malades décédés dans les hospices :* on peut l'annoter sur l'art. 768 ;

Celui du 17 novembre 1807 , approuvé le 11 janvier 1808 , *sur le transfert des rentes au-dessus de 50 fr. , par l'héritier bénéficiaire :* annotable sur l'article 805 ;

Celui du 19 septembre 1809 , approuvé le 13 octobre , *sur la consignation à la caisse d'amortissement, des sommes provenant de successions vacantes :* on peut l'annoter sur l'article 813 ;

Celui du 2 septembre 1808 , approuvé le 10 , *sur l'acquittement des droits pour les legs particuliers :* annotable sur l'article 1017 ;

Celui du 19 décembre 1809 , approuvé le 22 , *sur l'acquittement des droits pour donations de biens présens et à venir , faites par contrat de mariage :* annotable sur l'article 1090 ;

Celui du 1.er mai 1810 , approuvé le 16 , *sur le remboursement des consignations volontaires reçues par la caisse d'amortissement :* annotable sur l'art. 1261 ;

Celui du 16 juin 1810 , approuvé le 20 , *sur la nullité résultant du défaut de mention de la signature des parties et des témoins , et non*

du défaut de mention de la signature des no-
taires : annotable sur l'article 1317 ;

Celui du 23 avril 1805 , approuvé le 31 ,
sur la transcription des actes de vente sous signa-
ture privée et enregistrés : annotable sur l'article 1582.

Le décret du 12 août 1807 , concernant
l'adjudication aux enchères des baux des biens
des établissemens publics : annotable sur l'article 1712 ;

L'avis du conseil d'état du 15 décembre
1807, approuvé le 22 janvier 1808 , *sur le*
renouvellement des inscriptions prises d'office :
annotable sur l'article 2154:

Celui du 9 mai 1807 ; approuvé le 1.er juin,
sur les moyens de prévenir les difficultés en ma-
tière d'hypothèques légales indépendantes de
l'inscription : annotable sur l'art. 2195 ;

Celui du 11 décembre 1810 , approuvé le
26 , indiquant *le mode de rectification des er-*
reurs ou irrégularités commises sur les registres
hypothécaires : annotable sur l'art. 2197 ;

Le décret du 21 septembre 1810, *fixant les*
salaires des conservateurs des hypothèques : annotable sur l'article 2200 ; et l'avis du conseil
d'état du 10 septembre 1811 , approuvé le
16 , sur le même objet : annotables sur le
même article.

La loi du 21 décembre 1814, sur la *proro-*
gation du délai accordé aux militaires par la loi

du 6 *brumaire an* 5 : on peut l'annoter sur l'article 1er. ;

L'ordonnance du Roi du 7 août 1815, contre l'*aliénation des majorats* : on peut l'annoter sur l'article 2157 ;

La loi toute entière du 8 mai 1816, sur l'*abolition du divorce* : on peut l'annoter sur l'article 227.

CODE

DE PROCÉDURE CIVILE. (1)

Iʳᵉ. PARTIE.

PROCÉDURE DEVANT LES TRIBUNAUX.

LIVRE Iᵉʳ.

DE LA JUSTICE DE PAIX.

(Décret du 14 avril 1806 Promulgué le 24 du même
mois.)

ARTICLE 47. DANS les trois jours de la ré-
ponse du juge qui refuse de s'abstenir, ou
faute par lui de répondre, expédition de
l'acte de récusation, et de la déclaration du
juge, s'il y en a, sera envoyée par le greffier,
sur la réquisition de la partie la plus diligente, au procureur du Roi près le tribunal

---

(1) La même Ordonnance de Sa Majesté que celle
qui est en tête du Code civil, précède le Code de procédure et les autres Codes ; et la même terminaison
de cette Ordonnance se trouve à la fin de ce Code et
des autres.

de première instance dans le ressort duquel la justice de paix est située; la récusation y sera jugée en dernier ressort dans la huitaine, sur les conclusions du procureur du Roi, sans qu'il soit besoin d'appeler les parties.

LIVRE II.

DES TRIBUNAUX INFÉRIEURS.

(Suite du décret du 14 avril 1806.)

59. En matière personnelle, le défendeur sera assigné devant le tribunal de son domicile; s'il n'a pas de domicile, devant le tribunal de sa résidence ;

S'il y a plusieurs défendeurs, devant le tribunal du domicile de l'un d'eux, au choix du demandeur;

En matière réelle, devant le tribunal de la situation de l'objet litigieux;

En matière mixte. . . . .

Enfin, en cas d'élection de domicile pour l'exécution d'un acte, devant le tribunal du domicile élu, ou devant le tribunal du domicile réel du défendeur, conformément à l'article 111 du Code civil.

69. Seront assignés,

1º. L'Etat, lorsqu'il s'agira de domaines et droits domaniaux, en la personne ou au domicile du préfet du département où siège le tribunal devant lequel doit être portée la demande en première instance. ;

2º. Le trésor royal; en la personne ou au bureau de l'agent.

3º. Les administrations ou établissemens publics, en leurs bureaux, dans le lieu où réside le siége de leur administration ; dans les autres lieux, en la personne et au bureau de leur préposé ;

4º. Le Roi, pour ses domaines, en la personne du procureur du Roi de l'arrondissement ;

5º. Les communes, en la personne ou au domicile du maire ; et à Paris, en la personne ou au domicile du préfet ;

Dans les cas ci-dessus, l'original sera visé de celui à qui copie de l'exploit sera laissée ; en cas d'absence ou de refus, le visa sera donné, soit par le juge de paix, soit par le procureur du Roi près le tribunal de première instance, auquel, en ce cas, la copie sera laissée ;

6º. Les sociétés de commerce, tant qu'elles existent, en leur maison sociale ; et s'il n'y en a pas, en la personne ou au domicile de l'un des associés ;

7º. Les unions et directions de créanciers, en la personne ou au domicile de l'un des syndics ou directeurs ;

8º. Ceux qui n'ont aucun domicile connu en France, au lieu de leur résidence actuelle : si le lieu n'est pas connu, l'exploit sera affiché à la principale porte de l'auditoire du tribunal où la demande est portée ; une seconde copie sera donnée au procureur du Roi, lequel visera l'original ;

9°. Ceux qui habitent le territoire français hors du continent, et ceux qui sont établis chez l'étranger, au domicile du procureur du Roi près le tribunal où sera portée la demande, lequel visera l'original, et enverra la copie, pour les premiers, au ministre de la marine, et pour les seconds, à celui des affaires étrangères.

83. Seront communiquées au procureur du Roi les causes suivantes :

1°. Celles qui concernent l'ordre public, l'État, le domaine, les communes, les établissemens publics, les dons et legs au profit des pauvres.

2°. Celles qui concernent l'état des personnes et les tutelles ;

3°. Les déclinatoires sur incompétence ;

4°. Les réglemens de juges, les récusations et renvois pour parenté et alliance ;

5°. Les prises à partie ;

6°. Les causes des femmes non autorisées par leurs maris, ou même autorisées, lorsqu'il s'agit de leur dot, et qu'elles sont mariées sous le régime dotal ; les causes des mineurs et généralement toutes celles où l'une des parties est défendue par un curateur.

7°. Les causes concernant ou intéresssant les personnes présumées absentes.

Le procureur du Roi pourra néanmoins prendre communication de toutes les autres causes dans lesquelles il croira son ministère nécessaire; le tribunal pourra même l'ordonner d'office.

84. En cas d'absence ou empêchement des procureurs du Roi et de leurs substituts, ils seront remplacés par l'un des juges ou suppléans.

86. Les parties ne pourront charger de leur défense, soit verbale, soit par écrit, même à titre de consultation, les juges en activité de service, procureurs-généraux, avocats généraux, procureurs du Roi, substituts des procureurs-généraux et du Roi, même dans les tribunaux autres que ceux près desquels ils exercent leurs fonctions : pourront néanmoins les juges, procureurs-généraux, avocats-généraux, procureurs du Roi, et substituts des procureurs-généraux et du Roi, plaider, dans tous les tribunaux, leurs causes personnelles et celles de leurs femmes, parens ou alliés en ligne directe, et de leurs pupilles.

87. Les plaidoiries seront publiques, excepté dans le cas où la loi ordonne qu'elles seront secrètes. Pourra cependant le tribunal ordonner qu'elles se feront à huis clos, si la discussion publique devait entraîner ou scandale ou des inconvéniens graves; mais, dans ce cas, le tribunal sera tenu d'en délibérer, et de rendre compte de sa délibération au procureur-général près la cour royale; et si la cause est pendante dans une cour royale, au ministre de la justice.

88. Ceux qui assisteront aux audiences se

tiendront découverts, dans le respect et le silence ; tout ce que le président ordonnera pour le maintien de l'ordre, sera exécuté ponctuellement et à l'instant.

La même disposition sera observée dans les lieux où, soit les juges, soit les procureurs du Roi, exerceront des fonctions de leur état,

89. Si un ou plusieurs individus, quels qu'ils soient, interrompent le silence, donnent des signes d'approbation ou d'improbation, soit à la défense des parties , soit aux discours des juges ou du ministère public, soit aux interpellations, avertissemens ou ordres du président, juge, commsssaire, ou procureur du Roi, soit aux jugemens ou ordonnances , causent ou excitent du tumulte, de quelque manière que ce soit, et si, après l'avertissement des huissiers , ils ne rentrent point dans l'ordre sur-le-champ, il leur sera enjoint de se retirer , et les résistans seront saisis et déposés à l'instant dans la maison d'arrêt pour vingt-quatre heures; ils y seront reçus sur l'exhibition de l'ordre du président, qui sera mentionné au procès-verbal de l'audience.

91. Ceux qui outrageraient ou menaceraient les juges ou les officiers de justice dans l'exercice de leurs fonctions, seront, de l'ordonnance du président, du juge-commissaire ou du procureur du Roi, chacun dans le lieu dont la police lui appartient,

saisis et déposés à l'instant dans la maison d'arrêt, interrogés dans les vingt-quatre heures, et condamnés par le tribunal, sur le vu du procès-verbal qui constatera le délit, à une détention qui ne pourra excéder le mois, et à une amende qui ne pourra être moindre de vingt-cinq francs, ni excéder trois cents francs.

Si le délinquant ne peut être saisi à l'instant, le tribunal prononcera contre lui, dans les vingt-quatre heures, les peines ci-dessus, sauf l'opposition que le condamné pourra former, dans les dix jours du jugement, en se mettant en état de détention.

92. Si les délits commis méritaient peine afflictive ou infamante, le prévenu sera renvoyé en état de mandat de dépôt devant le tribunal compétent, pour être poursuivi et puni suivant les règles établies par le code d'instruction criminelle.

107. Si les avoués ne rétablissent, dans les delais ci-dessus fixés, les productions par eux prises en communication, il sera, sur le certificat du greffier et sur un simple acte pour venir plaider, rendu jugement à l'audience qui les condamnera personnellement et sans appel, à ladite remise, aux frais du jugement, sans répétition, et en dix francs au moins de dommages-intérêts par chaque jour de retard.

Si les avoués ne rétablissent les productions dans la huitaine de la signifiication dudit jugement, le tribunal pourra prononcer, sans appel, de plus forts dommages - intérêts, même condamner l'avoué par corps, et l'interdire pour tel temps qu'il estimera convenable.

Lesdites condamnations pourront être prononcées sur la demande des parties, sans qu'elles aient besoin d'avoués, et sur un simple mémoire qu'elles remettront ou au président, ou au rapporteur, ou au procureur du Roi.

112. Si la cause est susceptible de communication, le procureur du Roi sera entendu en ses conclusions à l'audience.

138. Le président et le greffier signeront la minute de chaque jugement aussitôt qu'il sera rendu ; il sera fait mention en marge de la feuille d'audience, des juges et du procureur du Roi qui y auront assisté ; cette mention sera également signée par le président et le greffier.

140. Les procureurs du Roi et généraux se feront représenter tous les mois les minutes des jugemens, et vérifieront s'il a été satisfait aux dispositions ci-dessus ; en cas de contravention, ils en dresseront procès-verbal, pour être procédé ainsi qu'il appartiendra.

141. La rédaction des jugemens contiendra les noms des juges, du procureur du Roi, s'il a été entendu, ainsi que des avoués ; les noms, professions et demeures des parties, leurs conclusions, l'exposition sommaire des

points de fait et de droit, les motifs et le dispositif des jugemens.

146. Les expéditions des jugemens seront intitulées et terminées au nom du Roi, conformément à l'article 57 de la Charte constitutionnelle. (1)

174. L'héritier, la veuve, la femme divorcée (2) ou séparée de biens, assignée comme commune, auront trois mois, du jour de l'ouverture de la succession ou dissolution de la communauté, pour faire inventaire, et quarante jours pour délibérer...............

187. L'héritier, la veuve et la femme divorcée (3) ou séparée, pourront ne proposer leurs exceptions dilatoires qu'après l'échéance des délais pour faire inventaire et délibérer.

202. Si les pièces de comparaison ne peuvent être déplacées, ou si les détenteurs sont trop éloignés, il est laissé à la prudence du tribunal d'ordonner, sur le rapport du juge-commissaire, et après avoir entendu le procureur du Roi, que la vérification se fera

______

(1) *Charte constit.*, art. 57. « Toute justice émane » du Roi ; *elle s'administre en son nom*, par des juges » qu'il nomme et qu'il institue. »

(2) *Loi du 8 mai 1816*, art. 1. « Le divorce est aboli »

(3) Voyez la note sur l'art. 174.

dans le lieu de la demeure des dépositaires, ou dans le lieu le plus proche, ou que, dans un délai déterminé, les pièces seront envoyées au greffe par les voies que le tribunal indiquera par son jugement.

227. Le procès-verbal contiendra mention et description des ratures, surcharges, interlignes, et autres circonstances du même genre; il sera dressé par le juge-commissaire, en présence du procureur du Roi, du demandeur et du défendeur, ou de leurs fondés de procurations authentiques et spéciales: lesdites pièces et minutes seront paraphées par le juge-commisaire et le procureur du Roi, par le défendeur et le demandeur, s'ils peuvent ou veulent les parapher; sinon il en sera fait mention. Dans le cas de non comparution de l'une ou de l'autre des parties, il sera donné défaut et passé outre au procès-verbal.

268. Nul ne pourra être assigné comme témoin, s'il est parent ou allié en ligne directe de l'une des parties, ou son conjoint, même divorcé. (1)

363. Si un différend est porté, à deux ou plusieurs tribunaux de paix ressortissant au même tribunal, le règlement de juge sera porté à ce tribunal.

Si les tribunaux de paix relèvent de tribu-

____

(1) Voyez la note sur l'art. 174.

naux différens, le réglement de juge sera porté à la cour royale.

Si ces tribunaux ne ressortissent pas à la même cour royale, le règlement sera porté à la cour de cassation.

Si un différend est porté à deux ou à plusieurs tribunaux de première instance ressortissant à la même cour royale, le réglement de juge sera porté à cette cour : il sera porté à la cour de cassation, si les tribunaux ne ressortissent pas tous à la même cour royale, ou si le conflit existe entre une ou plusieurs cours.

368. Lorsqu'une partie aura deux parens ou alliés jusqu'au degré de cousin issu de germain inclusivement, parmi les juges d'un tribunal de première instance, ou trois parens ou alliés au même degré dans une cour royale, ou lorsqu'elle aura un parent audit degré parmi les juges du tribunal de première instance, ou deux parens dans la cour royale, et qu'elle-même sera membre du tribunal ou de cette cour, l'autre partie pourra demander le renvoi.

373. Si les causes de la demande en renvoi sont avouées ou justifiées dans un tribunal de première instance, le renvoi sera fait à l'un des autres tribunaux ressortissant en la même cour royale ; et si c'est dans une cour royale, le renvoi sera fait à l'une des trois cours les plus voisines.

378. Tout juge peut être récusé pour les causes ci-après :

1°. S'il est parent ou allié des parties, ou de l'une d'elles, jusqu'au degré de cousin issu de germain inclusivement ;

2°. Si la femme du juge est parente ou alliée de l'une des parties, ou si le juge est parent ou allié de la femme de l'une des parties au degré ci-dessus, lorsque la femme est vivante, ou qu'étant décédée, il en existe des enfans : si elle est décédée et qu'il n'y ait point d'enfans, le beau-père, le gendre ni les beaux-frères ne pourront être juges;

La disposition relative à la femme décédée s'appliquera à la femme divorcée (1), s'il existe des enfans du mariage dissous.

3°. Si le juge, sa femme, leurs ascendans et descendans, ou alliés dans la même ligne, ont un différend sur pareille question que celle dont il s'agit entre les parties.

4°. . . . . ,

393. L'expédition de l'acte de récusation, de la déclaration du juge, du jugement, de l'appel, et les pièces jointes, seront envoyées sous trois jours, par le greffier, à la requête et aux frais de l'appelant, au greffier de la cour royale.

394. Dans les trois jours de la remise au greffier de la cour royale, il présentera les-

---

(1) Voyez la note sur l'article 174.

dites pièces à la cour, laquelle indiquera le jour du jugement, et commettra l'un des juges: sur son rapport, et sur les conclusions du ministère public, il sera rendu à l'audience jugement, sans qu'il soit nécessaire d'appeler les parties.

395. Dans les vingt-quatre heures de l'expédition du jugement, le greffier de la cour royale renverra les pièces à lui adressées, au greffier du tribunal de première instance.

396. L'appelant sera tenu, dans le mois du jour du jugement de première instance qui aura rejeté sa récusation, de signifier aux parties le jugement sur l'appel, ou certificat du greffier de la cour royale, contenant que l'appel n'est pas jugé, et indication du jour déterminé par la cour: sinon le jugement qui aura rejeté la récusation, sera exécuté par provision ; et ce qui sera fait en conséquence sera valable, encore que la récusation fût admise sur l'appel.

403. Le désistement, lorsqu'il aura été accepté, emportera de plein droit consentement que les choses soient remises de part et d'autre au même état qu'elles étaient avant la demande.

Il emportera également soumission de payer les frais, au paiement desquels la partie qui se sera désistée sera contrainte, sur simple ordonnance du président mise au bas de la taxe, parties présentes ou appelées par acte d'avoué à avoué.

Cette ordonnance, si elle émane d'un tribunal de première instance, sera exécutée nonobstant opposition ou appel; elle sera exécutée nonobstant opposition, si elle émane d'une cour royale.

LIVRE III.

DES COURS ROYALES.

(Décret du 17 avril 1806. Promulgué le 27 du même mois.)

TITRE UNIQUE.

De l'Appel et de l'Instruction sur l'appel.

457. L'APPEL des jugemens définitifs ou interlocutoires sera suspentif, si le jugement ne prononce pas l'exécution provisoire dans les cas ou elle est autorisée.

L'exécution des jugemens mal à propos qualifiés en dernier ressort, ne pourra être suspendue qu'en vertu de défenses obtenues par l'appelant, à l'audience de la cour royale, sur assignation à bref délai.

A l'égard des jugemens non qualifiés, ou qualifiés en premier ressort, et dans lesquels les juges étaient autorisés à prononcer en dernier ressort, l'exécution provisoire pourra en être ordonnée par la cour royale, à l'audience et sur un simple acte.

461. Tout appel, même de jugement rendu sur instruction par écrit, sera porté à l'au-

dience ; sauf à la cour à ordonner l'instruction par écrit , s'il y a lieu.

468. En cas de partage dans une cour royale, on appellera, pour le vider, un au moins ou plusieurs des juges qui n'auront pas connu de l'affaire, et toujours en nombre impair, en suivant l'ordre du tableau : l'affaire sera de nouveau plaidée, ou de nouveau rapportée, s'il s'agit d'une instruction par écrit.

Dans le cas où tous les juges auraient connu de l'affaire, il sera appelé, pour le jugement, trois anciens jurisconsultes.

470. Les autres règles établies pour les tribunaux inférieurs, seront observées dans les cours royales.

472. Si le jugement est confirmé, l'exécution appartiendra au tribunal dont est appel : si le jugement est infirmé, l'exécution, entre les mêmes parties, appartiendra à la cour royale qui aura prononcé, ou à un autre tribunal qu'elle aura indiqué par le même arrêt ; sauf les cas de la demande en nullité d'emprisonnement , en expropriation forcée , et autres dans lesquels la loi attribue juridiction.

473. Lorsqu'il y aura appel d'un jugement interlocutoire, si le jugement est infirmé , et que la matière soit disposée à recevoir une décision définitive, les cours royales et autres tribunaux d'appel pourront statuer en même-

temps sur le fond définitivement, par un seul et même jugement.

Il en sera de même dans les cas où les cours royales ou autres tribunaux d'appel infirmeraient, soit pour vice de forme, soit pour toute autre cause, des jugemens définitifs.

LIVRE IV.

DES VOIES EXTRAORDINAIRES POUR ATTAQUER LES JUGEMENS.

(Suite du décret du 17 avril 1806.)

480. LES jugemens contradictoires rendus en dernier ressort par les tribunaux de première instance et les cours royales, et les jugemens par défaut rendus aussi en dernier ressort, et qui ne sont plus susceptibles d'opposition, pourront être rétractés, sur la requête de ceux qui auront été parties ou dûment appelés, pour les causes ci-après :

1°. S'il y a eu dol personnel ;

2°. . . . 3°. . . . 4°. . . . à 10°.

485. Lorsque le demandeur sera absent du territoire européen du Royaume pour un service de terre ou de mer, ou employé dans les négociations extérieures pour le service de l'État, il aura, outre le délai ordinaire de trois mois depuis la signification du jugement, le délai d'une année.

495. La quittance du receveur sera signifiée en tête de la demande, ainsi qu'une con-

sultation de trois avocats exerçant depuis dix ans au moins, près un des tribunaux du ressort de la cour royale dans lequel le jugement a été rendu.

La consultation contiendra la déclaration qu'ils sont d'avis de la requête civile, et elle en énoncera aussi les ouvertures ; sinon la requête ne sera pas reçue.

509. La prise à partie contre les juges de paix, contre les tribunaux de commerce ou de première instance, ou contre quelqu'un de leurs membres, et la prise à partie contre un conseiller à une cour royale ou à une cour d'assises, seront portées à la cour royale du ressort.

La prise à partie contre les cours d'assises, contre les cours royales ou l'une de leurs sections, sera portée à la haute-cour, conformément à l'article 101 de l'acte du 18 mai 1804 (1).

515. La prise à partie sera portée à l'audience sur un simple acte, et sera jugée par une autre section que celle qui l'aura admise : si la cour royale n'est composée que d'une section, le jugement de la prise à partie sera renvoyé à la cour royale la plus voisine par la cour de cassation.

.(1) *Nota.* La haute cour créée par cet acte n'existe plus

LIVRE V.

DE L'EXÉCUTION DES JUGEMENS.

(Déc. du 21 avril 1806. Promulg. le 1er. mai suivant.)

546. Les jugemens rendus par les tribunaux étrangers, et les actes reçus par les officiers étrangers, ne seront susceptibles d'exécution en France, que de la manière et dans les cas prévus par les articles 2123 et 2128 du Code civil.

547. Les jugemens rendus et les actes passés en France seront exécutoires dans tout le Royaume, sans *visa* ni *pareatis*, encore que l'exécution ait lieu hors du ressort du tribunal par lequel les jugemens ont été rendus ou dans le territoire duquel les actes ont été passés.

555. L'officier insulté dans l'exercice de ses fonctions dressera procès-verbal de rébellion, et il sera procédé suivant les règles établies par le Code d'instruction criminelle.

560. La saisie-arrêt ou opposition entre les mains de personnes non demeurant en France sur le continent, ne pourra point être faite au domicile des procureurs du Roi ; elle devra être signifiée à personne ou à domicile.

561. La saisie-arrêt ou opposition formée entre les mains des receveurs, dépositaires ou administrateurs de caisse ou deniers pu-

blics, en cette qualité, ne sera point valable, si l'exploit n'est fait à la personne préposée pour le recevoir, et s'il n'est visé par elle sur l'original, ou, en cas de refus, par le procureur du Roi.

580. Les traitemens et pensions dus par l'Etat, ne pourront être saisis que pour la portion déterminée par les lois, ou par les réglemens et ordonnances royaux.

600. Ceux qui, par voies de fait, empêcheraient l'établissement du gardien, ou qui enleveraient et détourneraient des effets saisis, seront poursuivis conformément au Code d'instruction criminelle.

642. Lorsque le débiteur de la rente sera domicilié hors du continent du Royaume, le délai pour la dénonciation ne courra que du jour de l'échéance de la citation au saisi.

655. La distribution du prix sera faite ainsi qu'il sera prescrit au titre *de la distribution par contribution* , sans préjudice néanmoins des hypothèques établies antérieurement à la loi du 11 brumaire an **VII** (1er. novembre 1798).

713. Les avoués ne pourront se rendre adjudicataires pour le saisi, les personnes notoirement insolvables, les juges, juges-suppléans, procureurs-généraux, avocats-généraux, procureurs du Roi, substituts des procureurs-généraux et du Roi, et greffiers du tribunal où se poursuit et se fait la vente,

à peine de nullité de l'adjudication, et de tous dommages et intérêts.

775. En cas d'aliénation autre que celle par expropriation, l'ordre ne pourra être provoqué s'il n'y a plus de trois créanciers inscrits ; et il le sera par le créancier le plus diligent ou l'acquéreur, après l'expiration des trente jours qui suivront les délais prescrits par les articles 2185 et 2194 du Code civil.

782. Le débiteur ne pourra non plus être arrêté, lorsqu'appelé comme témoin devant un directeur du jury (1), ou devant un tribunal de première instance, ou une cour royale ou d'assises, il sera porteur d'un sauf-conduit.

Le sauf-conduit pourra être accordé par le directeur du jury, par le président du tribunal ou de la cour où les témoins devront être entendus. Les conclusions du ministère public seront nécessaires.

Le sauf conduit réglera la durée de son effet, à peine de nullité.

En vertu du sauf-conduit, le débiteur ne pourra être arrêté ni le jour fixé pour sa comparution, ni pendant le temps nécessaire pour aller et pour revenir.

---

(1) *Nota.* Le jury d'accusation a été aboli par le Code d'instruction criminelle. L'article 71 de ce Code attribue au juge d'instruction le droit d'appeler des témoins, que l'art. 9 de la loi du 7 pluviôse an 9 (27 janvier 1801) avait donné au directeur du jury.

785. En cas de rébellion, l'huissier pourra établir garnison aux portes pour empêcher l'évasion, et requérir la force armée ; et le débiteur sera poursuivi, conformément aux dispositions du Code d'instruction criminelle.

IIe PARTIE.

PROCÉDURES DIVERSES.

LIVRE Ier.

(Déc. du 22 avril 1806. Promulg. le 2 mai suivant.)

814. Si le créancier refuse les offres, le débiteur peut, pour se libérer, consigner la somme ou la chose offerte, en observant les formalités prescrites par l'article 1259 du Code civil.

818. Le surplus est réglé par les dispositions du Code civil, relatives aux offres de paiement et à la consignation. (1)

819. Les propriétaires et principaux locataires de maisons ou biens ruraux, soit qu'il y ait bail, soit qu'il n'y en ait pas, peuvent, un jour aprè le commandement, et sans permission du juge, faire saisir-gager, pour loyers et fermages échus, les effets et fruits étant dans lesdites maisons ou bâtimens ruraux, et sur les terres.

---

(1) Voyez les articles 1257 à 1264 inclusivement du Code civil.

Ils peuvent même faire saisir-gager à l'instant, en vertu de la permission qu'ils en auront obtenue, sur requête, du président du tribunal de première instance.

Ils peuvent aussi saisir les meubles qui garnissaient la maison ou la ferme, lorsqu'ils ont été déplacés sans leur consentement; et ils conservent sur eux leur privilége, pourvu qu'ils en aient fait la revendication, conformément à l'article 2102 du Code civil. (1)

TITRE IV.

De la Surenchère sur aliénation volontaire. (2)

832. LES notifications et réquisitions prescrites par les articles 2183 et 2185 du Code civil, seront faites par un huissier commis à cet effet . . . .

834. Les créanciers qui, ayant un hypothèque aux termes des articles 2123, 2127, et 2128 du Code civil, (3) n'auront pas fait inscrire leurs titres antérieurement aux aliénations qui seront faites à l'avenir des immeubles hypothéqués, ne seront reçus à requérir la mise aux enchères conformément aux dispositions du

---

(1) Voyez le 6e. alinéa de l'article 2102 du Code civil.

(2) Voyez les articles 2183, 2184 et 2185 du Code civil. (Ces articles, et ceux énoncés aux deux notes précédentes, sont transcrits dans l'édition officielle.)

(3) Voyez ces trois articles du Code civil.

chapitre VIII, titre XVIII du livre III du Code civil, qu'en justifiant de l'inscription qu'ils auront prise depuis l'acte translatif de propriété, et au plus tard dans la quinzaine de la transcription de cet acte.

Il en sera de même à l'égard des créanciers ayant privilége sur des immeubles, sans préjudice des autres droits résultant, au vendeur et aux héritiers, des articles 2108 et 2109 du Code civil. (1)

835. Dans le cas de l'article précédent, le nouveau propriétaire n'est pas tenu de faire aux créanciers dont l'inscription n'est pas antérieure à la transcription de l'acte, les significations prescrites par les articles 2183 et 2184 du Code civil : et dans tous les cas, faute par les créanciers d'avoir requis la mise aux enchères dans le délai et les formes prescrits, le nouveau propriétaire n'est tenu que du paiement du prix, conformément à l'article 2186 du Code civil. (2)

836. Pour parvenir à la revente sur enchère prévue par l'article 2187 du Code civil (3), le poursuivant fera apposer des placards indicatifs de la première publication, laquelle sera faite quinzaine après cette apposition.

858 Dans le cas où il n'y aurait d'autre

---

(1) Voyez ces deux articles du Code civil.
(2) Voyez cet article du Code civil.
(3) Voyez cet article du Code civil, transcrit, comme les précédens, dans l'édition officielle.

partie que le demandeur en rectification (d'acte de l'état civil), et où il croirait avoir à se plaindre du jugement, il pourra, dans les trois mois depuis la date de ce jugement, se pourvoir à la cour royale, en présentant au président une requête, sur laquelle sera indiqué un jour auquel il sera statué à l'audience sur les conclusions du ministère public.

TITRE VI.

De quelques Dispositions relatives à l'Envoi en possession des biens d'un Absent. (1)

859. DANS le cas prévu par l'article 112 du Code civil, et pour y faire statuer, il sera présenté requête au président du tribunal. Sur cette requête, à laquelle seront joints les pièces et documens, le président commettra un juge pour faire le rapport au jour indiqué, et le jugement sera prononcé après avoir entendu le procureur du Roi.

860. Il sera procédé de même dans le cas où il s'agirait de l'envoi en possession provisoire autorisé par l'article 120 du Code civil.

TITRE VIII.

Des Séparations de Biens.

872. Le jugement de séparation sera lu pu-

---

(1) Voyez les articles 112 à 120 inclusivement du Code civil. Ils sont transcrits dans l'édition officielle.

bliquement, l'audience tenante, au tribunal de commerce du lieu, s'il y en a : extrait de ce jugement, contenant la date, la désignation du tribunal où il a été rendu, les noms, prénoms, professions, et demeure des époux, sera inséré sur un tableau à ce destiné.. . . .

Le tout, sans préjudice des dispositions portées en l'article 1445 du Code civil.

TITRE IX.

De la Séparation de corps et du Divorce. (1)

879. LA cause sera instruite dans les formes établies pour les autres demandes, et jugée sur les conclusions du ministère public. (2)

881. A l'égard du divorce, il sera procédé comme il est prescrit au Code civil. (3)

TITRE X.

Des Avis de Parens (4)

886. Le procureur du Roi donnera ses conclusions au bas de ladite ordonnance ; la minute du jugement d'homologation sera mise à la suite desdites conclusions, sur le même cahier.

---

(1) Voyez la note sur l'article 174.
(2) Voyez l'article 307 du Code civil.
(3) Voyez la note sur l'article 174.
(4) Voyez les articles 405 à 417 inclusivement du Code civil, transcrits dans l'édition officielle.

889. Les jugemens rendus sur délibération du conseil de famille, seront sujets à l'appel (1).

TITRE XI.

De l'Interdiction (2).

892. Sur le rapport du juge et les conclusions du procureur du Roi, le tribunal ordonnera que le conseil de famille, formé selon le mode déterminé par le Code civil, section XV du chapitre II, au titre *de la Minorité, de la Tutelle et de l'Emancipation*, donnera son avis sur l'état de la personne dont l'interdiction est demandée.

895. S'il n'y a pas d'appel du jugement d'interdiction, ou s'il est confimé sur l'appel, il sera pourvu à la nomination d'un tuteur et d'un subrogé tuteur à l'interdit, suivant les règles prescrites au titre *des Avis de Parens*.

L'administrateur provisoire nommé en exécution de l'article 497 du Code civil, cessera ses fonctions, et rendra compte au tuteur, s'il ne l'est pas lui-même.

897. Le jugement qui prononcera défenses de plaider, transiger, emprunter, recevoir un capital mobilier, en donner décharge,

---

(1) Voyez les articles 446 à 449 inclusivement du Code civil.

(2) Voyez les articles 489 à 501 inclusivement du Code civil, tous transcrits, ainsi que les précédens, dans l'édition officielle.

aliéner ou hypothéquer sans assistance de conseil, sera affiché dans la forme prescrite par l'article 501 du Code civil.

TITRE XII.

Du Bénéfice de Cession (1).

398. Les débiteurs qui seront dans le cas de réclamer la cession judiciaire accordée par l'article 1268 du Code civil, seront tenus, à cet effet, de déposer au greffe du tribunal où la demande sera portée, leur bilan, leurs livres, s'ils en ont, et leurs titres actifs.

LIVRE II.

PROCÉDURES RELATIVES A L'OUVERTURE D'UNE SUCCESSION.

(Déc. du 28 avril 1806. Promulg. le 8 mai suivant.)

945. Lorsque la vente des meubles dépendans d'une succession aura lieu en exécution de l'article 826 du Code civil, cette vente sera faite dans les formes prescrites au titre *des Saisies-exécutions.*

954. Si les immeubles n'appartiennent qu'à des mineurs, la vente ne pourra en être ordonnée que d'après un avis de parens (2)...

---

(1) Voyez l'article 1268 du Code civil.
(2) Voyez l'article 459 du Code civil, transcrit dans l'édition officielle sur cet article 954.

9

TITRE VII.

Des Partages et Licitations (1).

966. DANS les cas des articles 823 et 838 du Code civil, lorsque le partage doit être fait en justice, la partie la plus diligente se pourvoira.

969. Le même jugement qui prononcera sur la demande en partage, commettra, s'il y a lieu, un juge, conformément à l'article 823 du Code civil, et ordonnera que les immeubles, s'il y en a, seront estimés par experts, de la manière prescrite en l'article 824 du même Code.

975. Si la demande en partage n'a pour objet que la division d'un ou de plusieurs immeubles sur lesquels les droits des intéressés soient déjà liquidés, les experts, en procédant à l'estimation, composeront les lots ainsi qu'il est prescrit par l'article 466 du Code civil; et, après que leur rapport aura été enterriné, les lots seront tirés au sort, soit devant le juge-commissaire, soit devant un notaire commis par le tribunal.

976. Dans les autres cas, le poursuivant fera sommer les copartageans de comparaître, au jour indiqué, devant le juge-com-

____

(1) Voyez les articles 823 à 839 du Code civil, transcrits sur ce titre dans l'édition officielle.

missaire, qui renverra les parties devant un notaire dont elles conviendront, si elles peuvent et veulent en convenir, ou qui, à défaut, sera nommé d'office par le tribunal, à l'effet de procéder aux comptes, rapports, formation de masses, prélèvemens, composition de lots et fournissemens, ainsi qu'il est ordonné par le Code civil, art. 828......

977. Le notaire commis procédera seul et sans l'assistance d'un second notaire ou de témoins : si les parties se font assister auprès de lui d'un conseil, les honoraires de ce conseil n'entreront point dans les frais de partage, et seront à leur charge.

Au cas de l'article 837 du Code civil, le notaire rédigera, en un procès-verbal séparé, les difficultés et dires des parties : ce procès-verbal sera, par lui, remis au greffe, et y sera retenu.............

978. Lorsque la masse du partage, les rapports et prélèvemens à faire par chacune des parties intéressées, auront été établis par le notaire, suivant les articles 829, 830 et 831 du Code civil, les lots seront faits par l'un des cohéritiers, s'ils sont tous majeurs, s'ils s'occordent sur le choix, et si celui qu'ils auront choisi accepte la commission : dans le cas contraire, le notaire, sans qu'il soit besoin d'aucune autre procédure, renverra les parties devant le juge-commissaire, et celui-ci nommera un expert.

981. Le notaire remettra l'expédition du

procès-verbal de partage à la partie la plus diligente, pour en poursuivre l'homologation par le tribunal : sur le rapport du juge-commissaire, le tribunal homologuera le partage, s'il y a lieu, les parties présentes, ou appelées si toutes n'ont pas comparu à la clôture du procès-verbal, et sur les conclusions du procureur du Roi, dans le cas où la qualité des parties requerra son ministère.

985. Au surplus, lorsque tous les copropriétaires ou cohéritiers seront majeurs, jouissant de leurs droits civils, présens ou dûment représentés, ils pourront s'abstenir des voies judiciaires, ou les abandonner en tout état de cause, et s'accorder pour procéder de telle manière qu'ils aviseront (1).

986. Si l'héritier veut, avant de prendre qualité, et conformément au Code civil (2), se faire autoriser à procéder à la vente d'effets mobiliers dépendans de la succession, il présentera, à cet effet, requête au président du tribunal de première instance dans le ressort duquel la succession est ouverte.

La vente en sera faite par un officier public, après les affiches et publications ci-dessus prescrites pour la vente du mobilier.

997. Les renonciations à communauté ou

---

(1) Voyez l'article 819 du Code civil, transcrit dans l'édition officielle.
(2) Voyez les articles 793 et 794 du Code civil, transcrits sur celui-ci.

à succession seront faites au greffe du tribunal dans l'arrondissement duquel la dissolution de la communauté ou l'ouverture de la succession se sera opérée, sur le registre prescrit par l'article 784 du Code civil, et en conformité de l'article 1457 du même Code, sans qu'il soit besoin d'autre formalité.

998. Lorsqu'après l'expiration des délais pour faire inventaire et pour délibérer, il ne se présente personne qui réclame une succession, qu'il n'y a pas d'héritier connu, ou que les héritiers connus y ont renoncé, cette succession est réputée vacante; elle est pourvue d'un curateur, conformément à l'article 812 du Code civil.

LIVRE III.

(Décret du 29 avril 1806. Promulg. le 9 mai suivant.)

TITRE UNIQUE.

Des Arbitrages.

1004. On ne peut compromettre sur les dons et legs d'alimens, logemens et vêtemens; sur les séparations d'entre mari et femme, divorces (1), questions d'état, ni sur aucune des contestations qui seraient sujettes à communication au ministère public.

1020. Le jugement arbitral sera rendu

---

(1) Voyez la note sur l'article 174.

exécutoire par une ordonnance du président du tribunal de première instance dans le ressort duquel il a été rendu : à cet effet, la minute du jugement sera déposée dans les trois jours, par l'un des arbitres, au greffe du tribunal.

S'il avait été compromis sur l'appel d'un jugement, la décision arbitrale sera déposée au greffe de la cour royale, et l'ordonnance rendue par le président de cette cour.

Les poursuites pour les frais du dépôt et les droits d'enregistrement ne pourront être faites que contre les parties.

1023. L'appel des jugemens arbitraux sera porté, savoir : devant les tribunaux de première instance, pour les matières qui, s'il n'y eût point eu d'arbitrage, eussent été, soit en premier, soit en dernier ressort, de la compétence des juges de paix ; et devant les cours royales, pour les matières qui eussent été, soit en premier, soit en dernier ressort, de la compétence des tribunaux de première instance.

Dispositions générales.

1039. Toutes significations faites à des personnes publiques préposées pour les recevoir, seront visées par elles sans frais sur l'original.

En cas de refus, l'original sera visé par le procureur du Roi près le tribunal de première instance de leur domicile. Les refusans pourront être condamnés, sur les conclusions du ministère public, à une amende qui ne pourra être moindre de cinq francs.

FIN DU CODE DE PROCÉDURE CIVILE.

OBSERVATIONS.

Doivent être rapprochés du Code de procédure civile, notamment:

L'avis du conseil d'état, du 16 mai 1807, sur les *significations d'exploits en matière de bois et forêts* que peuvent faire les gardes généraux et particuliers des forêts : il peut être annoté sur l'article 61 ;

L'avis du conseil d'état, du 9 juillet 1809, sur *les droits d'enregistrement des jugemens* à exiger, soit sur la minute, soit sur l'expédition : on peut l'annoter sur l'article 147 ;

Le décret du 16 février 1806, contenant le Tarif des frais et dépens en matière civile : il appartient à tout le Code ;

La loi du 15 novembre 1807, sur *la nomination d'experts* lorsqu'il y a lieu à expertise de biens immeubles situés dans le ressort de plusieurs tribunaux : on peut l'annoter sur l'article 303;

L'avis du conseil d'état, du 29 avril 1809, approuvé le 17 mai, portant que *la connaissance des ventes des navires saisis* appartient aux tribunaux ordinaires, et non aux tribunaux de commerce : on peut l'annoter sur l'article 442 ;

L'avis du conseil d'état, du 15 mars 1810, approuvé le 20, sur *l'abrogation de la loi du* 1er *thermidor an* 6 , qui dispensait les indigens de la consignation d'amende pour se pourvoir en requête civile : on peut l'annoter sur l'article 494 ;

Le décret du 18 août 1807, prescrivant des *formalités pour les saisies-arrêts ou oppositions entre les mains des receveurs ou administrateurs de caisses ou de deniers publics* : on peut l'annoter sur l'article 569 ;

Le décret du 11 janvier 1811, relatif aux *biens provenant de saisies r elles faites avant la loi du 11 brumaire an* 7 : on peut l'annoter sur l'article 673 ;

Le décret du 2 février 1811, sur le *délai de deux mois qui doit s'écouler entre l'adjudication préparatoire et l'adjudication définitive d'un immeuble* : on peut l'annoter sur l'article 706;

L'avis du conseil d'état, du 18 octobre 1808, approuvé le 22, sur *l'enregistrement, dans les vingt jours, des adjudications d'immeubles faites en justice* : on peut l'annoter sur l'article 731

L'avis du conseil d'état, du 12 mai 1807,

approuvé le 1er. juin , sur *la non applica-tion de l'article* 1041 aux lois et réglemens concernant la forme de procéder relative-ment à la régie des domaines et de l'enre-gistrement.

Le décret du 22 juillet 1808, concernant les *droits de greffe ;*

Le décret du 19 juillet 1810, contre *les individus convaincus de se livrer à la postulation,* et contre leurs complices ;

Le décret contenant *réglement pour la po-lice et disciplice* des cours et tribunaux, du 30 mars 1808 ;

Le décret du 24 juin 1808 , *sur la provision alimentaire et annuelle* qui peut être exigée par le créancier indigent d'un colon de Saint-Do-mingue : annotable sur l'article 404 :

L'avis du conseil d'état, du 22 décembre 1807, approuvé le 11 janvier 1808, portant que *le recours au conseil d'état n'est pas sus-pensif :* annotable sur l'article 504 ;

L'avis du conseil d'état, du 30 mai 1809, approuvé le 18 juin, interprétatif de l'art. 696, *sur l'enregistrement* de la notification d'une sai-sie immobilière en marge de l'enregistrement de ladite saisie ;

La lettre du ministre de la justice, *sur la dé-livrance des saufs-conduits* par le président du tribunal civil de l'arrondissement, en date du 8 septembre 1807 : annotable sur l'art. 782 ;

Le décret du 4 mars 1808, *sur la nourriture des détenus pour dettes* à la requête de l'agent du trésor public : annotable sur l'article 791 ;

Le décret du 1er. décembre 1805 (quoiqu'antérieur), sur *les Vacations d'appositions et levées de* Scellés, d'Inventaires et de Ventes : annotable sur l'article 932 ;

L'ordonnance du Roi, du 23 décembre 1814, sur *les énonciations de patentes* à insérer dans les actes et exploits par les notaires, greffiers, avoués et huissiers : on peut l'annoter sur l'article 61 ;

Et l'ordonnance du Roi, du 30 août 1815, relative à *la formule des expéditions des actes, arrêts ou jugemens* : on peut l'annoter sur l'article 146.

CODE DE COMMERCE.

LIVRE Ier.

DU COMMERCE EN GÉNÉRAL.

(Titre Ier. — VII. Loi décrétée le 10 sept. 1807 ;
promulguée le 20. —Titre VIII. Loi décrétée le 11,
promulguée le 21.)

TITRE PREMIER.

Des Commerçans.

ARTICLE 2. Tout mineur émancipé de l'un
et de l'autre sexe, âgé de dix-huit ans accomplis, qui voudra profiter de la faculté que
lui accorde l'article 487 du Code civil, de
faire le commerce, ne pourra en commencer
les opérations, ni être réputé majeur, quant
aux engagemens par lui contractés pour faits
de commerce , 1°. s'il n'a été préalablement
autorisé par son père , ou par sa mère, en
cas de décès, interdiction ou absence du
père , ou, à défaut du père et de la mère ;
par une délibération du conseil de famille ,
homologuée par le tribunal civil ; 2°. si, en
outre, l'acte d'autorisation n'a été enregistré

et affiché au tribunal de commerce du lieu où le mineur veut établir son domicile.

6. Les mineurs marchands, autorisés comme il est dit ci-dessus, peuvent engager et hypothéquer leurs immeubles.

Ils peuvent même les aliéner, mais en suivant les formalités prescrites par les articles 457 et suivans du Code civil.

7. Les femmes marchandes publiques peuvent également engager, hypothéquer et aliéner leurs immeubles.

Toutefois, les biens stipulés dotaux, quand elles sont mariées sous le régime dotal, ne peuvent être hypothéqués ni aliénés que dans les cas déterminés et avec les formes réglées par le Code civil.

TITRE II.

Des Livres de commerce.

TITRE III

Des Sociétés.

37. La société anonyme ne peut exister qu'avec l'autorisation du Roi, et avec son approbation pour l'acte qui la constitue ; cette approbation doit être donnée dans la forme prescrite pour les réglemens d administration publique.

39. Les sociétés en nom collectif ou en commandite doivent être constatées par des actes publics ou sous signature privée, en

se conformant, dans ce dernier cas, à l'article 1325 du Code civil.

45. L'ordonnance du Roi qui autorise les sociétés anonymes, devra être affichée avec l'acte d'association et pendant le même temps.

52. Il y aura lieu à l'appel du jugement arbitral ou au pourvoi en cassation, si la renonciation n'a pas été stipulée. L'appel sera porté devant la cour royale.

TITRE IV.

Des Séparations de biens.

65. Toute demande en séparation de biens sera poursuivie, instruite et jugée conformément à ce qui est prescrit au Code civil, livre III, titre V, chapitre II, section III, et au Code de procédure civile, deuxième partie, livre Ier., titre VIII. (1)

66. Tout jugement qui prononcera une séparation de corps ou un divorce (2) entre mari et femme, dont l'un serait commerçant, sera soumis aux formalités prescrites par l'article 872 du Code de procédure civile; à défaut de quoi les créanciers seront toujours admis à s'y opposer, pour ce qui touche

---

(1) Voyez les articles 865 à 874 du Code de procédure civile, transcrits dans l'édition officielle.

(2) *Loi du 18 mai 1816, art.* 1er. « Le divorce est » aboli. »

leurs intérêts, et à contredire toute liqui-
dation qui en aurait été la suite.

TITRE V.

Des Bourses de commerce, Agens de change et Courtiers.

71. La bourse de commerce est la réunion qui a lieu, sous l'autorité du Roi, des commerçans, capitaines de navire, agens de change et courtiers.

75. Il y en a (des agens de change et des courtiers) dans toutes les villes qui ont une bourse de commerce.

Ils sont nommés par le Roi.

TITRE VI.

Des Commissionnaires.

92. Les devoirs et les droits du commissionnaire qui agit au nom d'un commettant, sont déterminés par le Code civil, livre III, titre XIII.

95. Tous prêts, avances ou paiemens qui pourraient être faits sur des marchandises déposées ou consignées par un individu résidant dans le lieu du domicile du commissionnaire, ne donnent privilége au commissionnaire ou dépositaire qu'autant qu'il s'est conformé aux dispositions prescrites par le Code civil, livre III, titre XVII, pour les prêts sur gages ou nantissemens.

TITRE VII.

Des Achats et Ventes.

TITRE VIII.

De la Lettre de change, du Billet à ordre et de la Prescription.

114. Les lettres de change souscrites par des mineurs non négocians sont nulles à leur égard, sauf les droits respectifs des parties, conformément à l'article 1312 du Code civil.

LIVRE II.

DU COMMERCE MARITIME.

(Titres Ier., —VIII, — IX, — X, —XI, XIV. Lois décrétées le 15 septembre 1807, promulguées le 25.)

TITRE PREMIER.

Des Navires et autres Bâtimens de mer.

TITRE II.

De la Saisie et Vente des Navires.

TITRE III

Des Propriétaires de Navires.

TITRE IV.

Du Capitaine.

LIVRE III.

Des Faillites et des Banqueroutes.

(Loi décrétée le 12 septembre 1807, promulguée le 22.)

Dispositions générales.

439. Il y a deux espèces de banqueroutes :

La banqueroute simple ; elle sera jugée par les tribunaux correctionnels ;

La banqueroute frauduleuse ; elle sera jugée par les cours d'assises.

TITRE PREMIER.

De la Faillite.

488. En toute faillite, les agens, syndics provisoires et définitifs, seront tenus de remettre, dans la huitaine de leur entrée en fonctions, au magistrat de sûreté (1) de l'arrondissement, un mémoire ou compte sommaire de l'état apparent de la faillite, de ses principales causes et circonstances, et des caractères qu'elle paraît avoir.

526. Le tribunal de commerce pourra ,

----

(1) *Nota.* Les fonctions que la loi du 7 pluviose an 9 (27 janvier 1801) avait attribuées au magistrat de sûreté, sont, d'après l'article 22 du Code d'instruction criminelle, remplies maintenant par les procureurs du Roi.

pour cause d'inconduite ou de fraude, refuser l'homologation du concordat ; et, dans ce cas, le failli sera en prévention de banqueroute, et renvoyé, de droit, devant le magistrat de sûreté (1), qui sera tenu de poursuivre d'office.

S'il accorde l'homologation, le tribunal déclarera le failli excusable, et susceptible d'être réhabilité, aux conditions exprimées au titre ci-après *de la Réhabilitation.*

531. Toutes les fois qu'il y aura union de créanciers, le commissaire du tribunal de commerce lui rendra compte des circonstances. Le tribunal prononcera, sur son rapport, comme il est dit à la section II du présent chapitre, si le saisi est ou non excusable, et susceptible d'être réhabilité.

En cas de refus du tribunal de commerce, le failli sera en prévention de banqueroute, et renvoyé, de droit, devant le magistrat de sûreté (2), comme il est dit à l'article 526.

553. Sera excepté des dispositions des articles 549 et 551, et jouira de tous les droits hypothécaires accordés aux femmes par le Code civil, la femme dont le mari avait, à l'époque de la célébration du mariage, une profession déterminée autre que celle de négociant : néanmoins cette exception

---

(1) Voyez la note sur l'article 488.
(2) Voyez la note sur l'article 488.

ne sera pas applicable à la femme dont le mari ferait le commerce dans l'année qui suivrait la célébration du mariage.

564. Les syndics de l'union, sous l'autorisation du commissaire, procéderont à la vente des immeubles suivant les formes prescrites par le Code civil pour la vente des biens des mineurs.

TITRE II.

De la Cession de biens.

TITRE III.

De la Revendication.

TITRE IV.

Des Banqueroutes.

591. Les procureurs du Roi sont tenus d'interjetter appel de tous jugemens des tribunaux de police correctionnelle, lorsque, dans le cours de l'instruction, ils auront reconnu que la prévention de banqueroute simple est de nature à être couverte en prévention de banqueroute frauduleuse.

595. Les cas de banqueroute frauduleuse seront poursuivis d'office devant les cours d'assises, par les procureurs du Roi et leurs substituts, sur la notoriété publique, ou sur la dénonciation soit des syndics, soit d'un créancier.

599. Les arrêts des cours d'assises contre les banqueroutiers et leurs complices, seront affichés, et de plus insérés dans un journal, conformément à l'article 683 du Code de procédure civile.

600. Dans tous les cas de poursuites et de condamnations en banqueroute simple ou en banqueroute frauduleuse, les actions civiles, autres que celles dont il est parlé dans l'article 598, resteront séparées ; et toutes les dispositions relatives aux biens, prescrites pour la faillite, seront exécutées, sans qu'elles puissent être attirées ni évoquées aux tribunaux de police correctionnelle et aux cours d'assises.

601. Seront cependant tenus les syndics de la faillite, de remettre aux procureurs du Roi et à leurs substituts, toutes les pièces, titres, papiers et renseignemens qui leur seront demandés.

TITRE V.

De la Réhabilitation.

604. Toute demande en réhabilitation, de la part du failli, sera adressée à la cour royale dans le ressort de laquelle il sera domicilié.

606. Le procureur-général près la cour royale, sur la communication qui lui aura été faite de la requête, en adressera des expéditions certifiées de lui au procureur du Roi,

près le tribunal d'arrondissement, et au président du tribunal de commerce du domicile du pétitionnaire, et, s'il a changé de domicile depuis la faillite, au tribunal de commerce dans l'arrondissement duquel elle a eu lieu, en les chargeant de recueillir tous les renseignemens qui seront à leur portée, sur la vérité des faits qui auront été exposés.

607. A cet effet, à la diligence tant du procureur du Roi que du président du tribunal de commerce, copie de ladite pétition restera affichée, pendant un délai de deux mois, tant dans les salles d'audience de chaque tribunal, qu'à la bourse et à la maison commune, et sera insérée par extrait dans les papiers publics.

609. Après l'expiration des deux mois, le procureur du Roi et le président du tribunal de commerce transmettront, chacun séparément, au procureur général près la cour royale, les renseignemens qu'ils auront recueillis, les oppositions qui auront pu être formées, et les connaissances particulières qu'ils auraient sur la conduite du failli; ils y joindront leur avis sur sa demande.

610. Le procureur-général près la cour royale fera rendre, sur le tout, arrêt portant admission ou rejet de la demande en réhabilitation; si la demande est rejetée, elle ne pourra plus être reproduite.

611. L'arrêt portant réhabilitation sera adressé tant au procureur du Roi qu'au

9

président des tribunaux auxquels la demande aura été adressée. Ces tribunaux en feront faire la lecture publique et la transcription sur leurs registres.

LIVRE IV.

DE LA JURIDICTION COMMERCIALE.

(Loi décrétée le 14 septembre 1807, promulguée le 24.)

TITRE I.er

De l'Organisation des Tribunaux de commerce.

624. Il y aura près de chaque tribunal un greffier et des huissiers nommés par le Roi : leurs droits, vacations et devoirs seront fixés par un réglement d'administration publique.

629. Ils prêtent serment avant d'entrer en fonctions, à l'audience de la cour royale, lorsqu'elle siége dans l'arrondissement communal où le tribunal de commerce est établi : dans le cas contraire, la cour royale commet, si les juges de commerce le demandent, le tribunal civil de l'arrondissement pour recevoir leur serment ; et, dans ce cas, le tribunal en dresse procès-verbal, et l'envoie à la cour royale, qui en ordonne l'insertion dans ses registres. Ces formalités sont remplies sur les conclusions du ministère public, et sans frais.

TITRE II.

De la Compétence des Tribunaux de commerce.

TITRE III.

De la Forme de procéder devant les Tribunaux de commerce.

643. Néanmoins les articles 156 158 et 159 du même Code (1) (de procédure civile), relatifs aux jugemens par défaut rendus par les tribunaux inférieurs, seront applicables aux jugemens par défaut rendus par les tribunaux de commerce.

TITRE IV.

De la Forme de procéder devant les Cours royales.

647. LES cours royales ne pourront, en aucun cas, à peine de nullité, et même des dommages et intérêts des parties, s'il y a lieu, accorder des défenses ni surseoir à l'éxécution des jugemens des tribunaux de commerce, quand même ils seraient attaqués d'incompétence; mais elles pourront, suivant l'éxgigence des cas, accorder la permission de citer extraordinairement, à jour et heure fixes, pour plaider sur l'appel.

______

(1) Voyez les articles 156, 158 et 159, transcrits dans l'édition officielle.

FIN DU CODE DE COMMERCE.

OBSERVATIONS.

Doivent être rapprochés du Code de commerce, notamment ,

L'avis du conseil d'état, du 28 avril 1809, approuvé le 17 mai, sur *la non-application aux transactions commerciales que la maison commanditée peut faire pour son compte avec le commanditaire, de la défense portée aux articles 27 et 28 :* on peut l'annoter sur ces articles ;

Les instructions du ministre de l'intérieur, du 31 décembre 1807, sur l'éxécution de l'article 37 : on peut les annoter sur cet article ;

L'avis du conseil d'état, du 2 mai 1809, approuvé le 17, sur la *répression de l'exercice illicite des fonctions d'agens de change et de courtiers sur les places de commerce par des individus non commissionnés ;* et les instructions du ministre de l'intérieur, du 21 juillet 1809, données en conséquence : on peut les annoter sur l'article 78.

Le décret du 13 août 1810, relatif aux *réclamations de ballots, caisses, malles, paquets et autres objets confiés à des entrepreneurs de roulage et des messageries :* on peut l'annoter sur l'article 108 ;

L'avis du conseil d'état, du 3 décembre 1805, *sur le non paiement d'une lettre de change en billets de banque ;* annotable sur l'art. 143 ; et celui du 13 mars 1810, approuvé le 20, sur les *protêts qui ne peuvent être faits le premier janvier :* annotable sur l'article 162;

Le décret du 11 janvier 1808, sur *l'assimilation aux lettres de change, des traites du caissier général du trésor public sur lui-même, transmissibles à un tiers en paiement :* annotable sur les articles 187 et 189;

Le décret du 23 novembre 1810, sur les *cargaisons d'exportation des navires auxquels il a été accordé des licences,* annotable sur l'article 229;

L'ordonance de Roi, du 12 février 1815, concernant *le petit cabotage :* on peut l'annoter sur cet art. 229;

Le décret du 22 novembre 1811, sur les *ventes que peuvent faire les courtiers de commerce des effets d'un failli, à la bourse :* annotable sur l'article 492;

L'avis du conseil d'état, du 4 décembre 1810, approuvé le 9, sur la *vente des immeubles d'un failli par les tribunaux civils, à l'exclusion des tribunaux de commerce :* on peut l'annoter sur l'article 564.

Le décret du 6 octobre 1809, concernant *l'organisation des tribunaux de commerce :* on peut l'annoter sur l'articles 617 :

L'avis du conseil d'état du 26 janvier 1808, approuvé le 2 février, sur *la nomination des négocians* retirés du commerce, aux fonctions de juges au tribunal du commerce : on peut l'annoter sur l'article 620;

Le décret du 14 mars 1808, relatif aux *gardes d commerce pour la ville de Paris* : annotabl e su l'article 625 ;

La loi du 18 mars 1806, sur *l'établissement des conseils de prudhommes* : et le décret du 20 février 1810, portant organisation de ces conseils : on peut les annoter sur l'article 640 ;

Le décret du 3 août 1810, sur la *juridiction des prudhommes* : annotable sur le même article 640 ;

Celui du 12 février 1814, relatif à *l'insertion dans les affiches judiciaires et dans le journal de commerce de tout extrait d'acte de société conforme à l'article 43 du code* : annotable sur l'article 42 ;

L'avis du conseil d'état, du 25 janvier 1814, approuvé le 27, déclarant *l'invasion de l'ennemi et les événemens de guerre, un cas de force majeure relevant le porteur de lettres de change et de billets à ordre de la déchéance à défaut de protêt* : il peut être annoté sur l'article 162.

Le décret du 3 janvier 1809, sur *l'assujétissement au timbre de dimension*, des lettres de voiture, connaissemens, chartes-parties et polices d'assurance : annotable sur l'art. 102 ;

Le décret du 12 décembre 1806, contenant *Réglement sur le service du pilotage*, annotable sur l'article 354 ;

Et le décret du 16 janvier 1808, arrêtant *les Statuts de la Banque de France* : annotable sur l'article 614 ;

CODE

D'INSTRUCTION CRIMINELLE. (1)

DISPOSITIONS PRÉLIMINAIRES.

(Loi décrétée le 17 novembre 1808, promulguée le 27 du même mois.)

Art. 7. Tout Français qui se sera rendu coupable, hors du territoire du Royaume, d'un crime contre un Français, pourra, à son retour en France, y être poursuivi et jugé, s'il n'a pas été poursuivi et jugé en pays étranger, et si le Français offensé rend plainte contre lui.

LIVRE Ier.

DE LA POLICE JUDICIAIRE ET DES OFFICIERS DE POLICE QUI L'EXERCENT.

(Suite de la loi du 17 novembre 1808.)

CHAPITRE Ier.

De la Police judiciaire.

9. La police judiciaire sera exercée sous l'autorité des cours royales, et suivant les distinctions qui vont être établies,

---

(1) L'ordonnance du Roi, pour ce Code, est du 6 septembre 1816.

Par les gardes-champêtres et les gardes-
forestiers ;
Par les commissaires de police ;
Par les maires et les adjoints de maire ;
Par les procureurs du Roi et leurs substi-
tuts ;
Par les juges de paix ;
Par les officiers de gendarmerie ;
Par les commissaires-généraux de police ;
Et par les juges d'instruction.

CHAPITRE II.

Des Maires, des Adjoints de Maires, et des Commissaires de Police.

CHAPITRE III.

Des Gardes-Champêtres et Forestiers.

17. LES gardes-champêtres et forestiers
sont, comme officiers de police judiciaire,
sous la surveillance du procureur du Roi,
sans préjudice de leur subordination à l'égard
de leurs supérieurs dans l'administration.

18. LES gardes-forestiers de l'administration, des communes et des établissemens publics, remettront leurs procès-verbaux au
conservateur, inspecteur ou sous-inspecteur
forestier, dans le délai fixé par l'article 15.

L'officier qui aura reçu l'affirmation, sera

tenu, dans la huitaine, d'en donner avis au procureur du Roi.

20. Les procès-verbaux des gardes-champêtres des communes, et ceux des gardes-champêtres et forestiers des particuliers, seront, lorsqu'il s'agira de simples contraventions, remis par eux, dans le délai fixé par l'article 15, au commissaire de police de la commune chef-lieu de la justice de paix, ou au maire dans les communes où il n'y a point de commissaire de police; et, lorsqu'il s'agira d'un délit de nature à mériter une peine correctionnelle, la remise sera faite au procureur du Roi.

CHAPITRE IV.

DES PROCUREURS DU ROI ET DE LEURS SUBSTITUTS.

SECTION PREMIÈRE.

De la Compétence des Procureurs du Roi, relativement à la Police judiciaire.

22. Les procureurs du Roi sont chargés de la recherche et de la poursuite de tous les délits dont la connaissance appartient aux tribunaux de police correctionnelle, ou aux cours spéciales (1), ou aux cours d'assises.

23. Sont également compétens pour remplir les fonctions déléguées par l'article pré-

----

(1) Voyez la note sur le titre VI du livre II.

cédent, le procureur du Roi du lieu du crime ou délit, celui de la résidence du prévenu, et celui du lieu où le prévenu pourra être trouvé.

24. Ces fonctions, lorsqu'il s'agira de crimes ou de délits commis hors du territoire français, dans les cas énoncés aux articles 5, 6 et 7, seront remplies par le procureur du Roi du lieu où résidera le prévenu, ou par celui du lieu où il pourra être trouvé, ou par celui de sa dernière résidence connue.

25. Les procureurs du Roi et tous autres officiers de police judiciaire auront, dans l'exercice de leurs fonctions, le droit de requérir directement la force publique.

26. Le procureur du Roi sera, en cas d'empêchement, remplacé par son substitut, ou, s'il y a plusieurs substituts, par le plus ancien. S'il n'a pas de substitut, il sera remplacé par un juge commis à cet effet par le président.

27. Les procureurs du Roi seront tenus, aussitôt que les délits parviendront à leur connaissance, d'en donner avis au procureur-général près la cour royale, et d'exécuter ses ordres relativement à tous actes de police judiciaire.

SECTION II.

Mode de procéder des Procureurs du Roi dans l'exercice de leurs fonctions.

29. TOUTE autorité constituée, tout fonctionnaire ou officier public, qui, dans l'exercice de ses fonctions, acquerra la connaissance
d'un crime ou d'un délit, sera tenu d'en
donner avis sur-le-champ au procureur du
Roi près le tribunal dans le ressort duquel
le crime ou délit aura été commis ou dans
lequel le prévenu pourrait être trouvé, et de
transmettre à ce magistrat tous les renseignemens, procès-verbaux et actes qui y sont
relatifs.

30. Toute personne qui aura été témoin d'un
attentat, soit contre la sûreté publique, soit
contre la vie ou la propriété d'un individu,
sera pareillement tenue d'en donner avis au
procureur du Roi, soit du lieu du crime ou
délit, soit du lieu où le prévenu pourra être
trouvé.

31. Les dénonciations seront rédigées par
les dénonciateurs, ou par leurs fondés de
procuration spéciale, ou par le procureur du
Roi s'il en est requis ; elles seront toujours
signées par le procureur du Roi à chaque
feuillet, et par les dénonciateurs ou par leurs
fondés de pouvoir.

Si les dénonciateurs ou leurs fondés de
pouvoir ne savent ou ne veulent pas signer,
il en sera fait mention.

La procuration demeurera toujours annexée à la dénonciation ; et le dénonciateur pourra se faire delivrer, mais à ses frais, une copie de sa dénonciation.

32. Dans tous les cas de flagrant délit, lorsque le fait sera de nature à entraîner une peine afflictive ou infamante, le procureur du Roi se transportera sur le lieu, sans aucun retard, pour y dresser les procès-verbaux nécessaires à l'effet de constater le corps du délit, son état, l'état des lieux, et pour recevoir les déclarations des personnes qui auraient été présentes, ou qui auraient des renseignemens à donner.

Le procureur du Roi donnera avis de son transport au juge d'instruction, sans être toutefois tenu de l'attendre pour procéder, ainsi qu'il est dit au présent chapitre.

33. Le procureur du Roi pourra aussi, dans le cas de l'article précédent, appeler à son procès - verbal les parens, voisins ou domestiques présumés en état de donner des éclaircissemens sur le fait ; il recevra leurs déclarations, qu'ils signeront : les déclarations reçues en conséquence du présent article et de l'article précédent, seront signées par les parties, ou, en cas de refus, il en sera fait mention.

34. Il pourra défendre que qui que ce soit sorte de la maison, ou s'éloigne du lieu, jusqu'après la clôture de son procès-verbal.

Tout contrevenant à cette défense sera, s'il

peut être saisi, déposé dans la maison d'arrêt: la peine encourue pour la contravention,
sera prononcée par le juge d'instruction, sur
les conclusions du procureur du Roi, après
que le contrevenant aura été cité et entendu,
ou par défaut s'il ne comparaît pas, sans
autre formalité ni délai, et sans opposition
ni appel.

La peine ne pourra excéder dix jours d'emprisonnement, et cent francs d'amende.

35. Le procureur du Roi se saisira des
armes et de tout ce qui pourrait avoir servi
ou avoir été destiné à commettre le crime ou
le délit, ainsi que tout ce qui paraîtra en
avoir été le produit, enfin de tout ce qui
pourra servir à la manifestation de la vérité :
il interpellera le prévenu de s'expliquer sur
les choses saisies qui lui seront représentées ;
il dressera du tout un procès-verbal, qui sera
signé par le prévenu, ou mention sera faite
de son refus.

36. Si la nature du crime ou du délit est
telle, que la preuve puisse vraisemblablement
être acquise par les papiers ou autres pièces
et effets en la possession du prévenu, le procureur du Roi se transportera de suite dans
le domicile du prévenu, pour y faire la perquisition des objets qu'il jugera utiles à la
manifestation de la vérité.

37. S'il existe, dans le domicile du prévenu, des papiers ou effets qui puissent servir
à conviction ou à décharge, le procureur du

Roi en dressera procès-verbal, et se saisira desdits effets ou papiers.

38. Les objets saisis seront clos et cachetés, si faire se peut; ou s'ils ne sont pas susceptibles de recevoir des caractères d'écriture, ils seront mis dans un vase ou dans un sac, sur lequel le procureur du Roi attachera une bande de papier qu'il scellera de son sceau.

40. Le procureur du Roi, audit cas de flagrant délit, et lorsque le fait sera de nature à entraîner peine afflictive ou infamante, fera saisir les prévenus présens contre lesquels il existerait des indices graves.

Si le prévenu n'est pas présent, le procureur du Roi rendra une ordonnance à l'effet de le faire comparaître ; cette ordonnance s'appelle *mandat d'amener*.

La dénonciation seule ne constitue pas une présomption suffisante pour décerner cette ordonnance contre un individu ayant domicile.

Le procureur du Roi interrogera sur-le-champ le prévenu amené devant lui.

42. Les procès-verbaux du procureur du Roi, en exécution des articles précédens, seront faits et rédigés en la présence et revêtus de la signature du commissaire de police de la commune dans laquelle le crime ou le délit aura été commis, ou du maire, ou de l'adjoint du maire, ou de deux citoyens domiciliés dans la même commune.

Pourra néanmoins le procureur du Roi

dresser les procès-verbaux sans assistance de témoins , lorsqu'il n'y aura pas possibilité de s'en procurer tout de suite.

Chaque feuillet du procès-verbal sera signé par le procureur du Roi et par les personnes qui y auront assisté : en cas de refus ou d'impossibilité de signer de la part de celles-ci, il en sera fait mention.

43. Le procureur du Roi se fera accompagner, au besoin, d'une ou de deux personnes, présumées, par leur art ou profession, capables d'apprécier la nature et les circonstances du crime ou délit.

44. S'il s'agit d'une mort violente, ou d'une mort dont la cause soit inconnue et suspecte, le procureur du Roi se fera assister d'un ou de deux officiers de santé, qui feront leur rapport sur les causes de la mort et sur l'état du cadavre.

Les personnes appelées, dans les cas du présent article et de l'article précédent, prêteront, devant le procureur du Roi, le serment de faire leur rapport et de donner leur avis en leur honneur et conscience.

45. Le procureur du Roi transmettra sans délai, au juge d'instruction, les procès-verbaux, actes, pièces et instrumens dressés ou saisis en conséquence des articles précédens, pour être procédé ainsi qu'il sera dit au chapitre *des juges d'instruction;* et cependant le prévenu restera sous la main de la justice en état de mandat d'amener.

46. Les attributions faites ci-dessus au procureur du Roi pour les cas de flagrant délit, auront lieu aussi toutes les fois que, s'agissant d'un crime ou delit, même non flagrant, commis dans dans l'intérieur d'une maison, le chef de cette maison requerra le procureur du Roi de le constater.

47 Hors les cas énoncés dans les articles 32 et 46, le procureur du Roi, instruit, soit par une dénonciation, soit par toute autre voie, qu'il a été commis dans son arrondissement un crime ou un délit, ou qu'une personne qui en est prévenue se trouve dans son arrondissement, sera tenu de requérir le juge d'instruction d'ordonner qu'il en soit informé, même de se transporter, s'il est besoin, sur les lieux, à l'effet d'y dresser tous les procès-verbaux nécessaires, ainsi qu'il sera dit au chapitre *des juges d'instruction.*

CHAPITRE V.

Des Officiers de Police auxiliaires du Procureur du Roi.

49. DANS les cas de flagrant délit, ou dns, les cas de réquisition de la part d'un chef de maison, ils dresseront les procès-verbaux, recevront les déclarations des témoins, feront les visites et les autres actes qui sont, auxdits cas, de la compétence des procureurs du Roi

le tout dans les formes et suivant les règles établies au chapitre *des Procureurs du Roi.*

51. Dans les cas de concurrence entre les procureurs du Roi et les officiers de police énoncés aux articles précédens, le procureur du Roi fera les actes attribués à la police judiciaire : s'il a été prévenu, il pourra continuer la procédure, ou autoriser l'officier qui l'aura commencée à la suivre.

52. Le procureur du Roi, exerçant son ministère dans les cas des articles 32 et 46, pourra, s'il le juge utile et nécessaire, charger un officier de police auxiliaire de partie des actes de sa compétence.

53. Les officiers de police auxiliaires renverront, sans délai, les dénonciations, procès-verbaux et autres actes par eux faits dans les cas de leur compétence, au procureur du Roi, qui sera tenu d'examiner sans retard les procédures, et de les transmettre, avec les réquisitions qu'il jugera convenables, au juge d'instruction.

54. Dans le cas de dénonciation de crimes ou délits autres que ceux qu'ils sont directement chargés de constater, les officiers de police judiciaire transmettront aussi sans délai au procureur du Roi les dénonciations qui leur auront été faites ; et le procureur du Roi les remettra au juge d'instruction, avec son réquisitoire.

CHAPITRE VI.

Des Juges d'instruction.

57. LES juges d'instruction seront, quant aux fonctions de police judiciaire, sous la surveillance du procureur-général près la cour royale.

59. Le juge d'instruction, dans tous les cas réputés flagrant délit, peut faire directement et par lui-même, tous les actes attribués au procureur du Roi, en se conformant aux règles établies au chapitre *des Procureurs du Roi et de leurs Substituts.* Le juge d'instruction peut requérir la présence du procureur du Roi, sans aucun retard néanmoins des opérations prescrites dans ledit chapitre.

60. Lorsque le flagrant délit aura déjà été constaté, et que le procureur du Roi transmettra les actes et pièces au juge d'instruction, celui-ci sera tenu de faire, sans délai, l'examen de la procédure.

Il peut refaire les actes ou ceux des actes qui ne lui paraîtraient pas complets.

61. Hors les cas de flagrant délit, le juge d'instruction ne fera aucun acte d'instruction et de poursuite qu'il n'ait donné communication de la procédure au procureur du Roi. Il la communiquera pareillement lorsqu'elle sera terminée ; et le procureur du Roi fera les réquisitions qu'il jugera convenables, sans pouvoir retenir la procédure plus de trois jours.

Néanmoins le juge d'instruction délivrera, s'il y a lieu, le mandat d'amener, et même le mandat de dépôt, sans que ces mandats doivent être précédés des conclusions du procureur du Roi.

62. Lorsque le juge d'instruction se transportera sur les lieux, il sera toujours accompagné du procureur du Roi et du greffier du tribunal.

64. Les plaintes qui auraient été adressées au procureur du Roi, seront par lui transmises au juge d'instruction avec son réquisitoire ; celles qui auraient été présentées aux officiers auxiliaires de police, seront par eux envoyées au procureur du Roi, et transmises par lui au juge d'instruction, avec son réquisitoire.

Dans les matières du ressort de la police correctionnelle, la partie lésée pourra s'adresser directement au tribunal correctionnel, dans la forme qui sera ci-après réglée.

70. Le juge d'instruction compétent pour connaître de la plainte, en ordonnera la communication au procureur du Roi, pour être par lui requis ce qu'il appartiendra.

71. Le juge d'instruction fera citer devant lui les personnes qui auront été indiquées par la denonciation, par la plainte, par le procureur du Roi ou autrement, comme ayant connaissance, soit du crim ou délit, soit de ses circonstances.

72. Les témoins seront cités par un huis-

sier ou par un agent de la force publique, à la requête du procureur du Roi.

80. Toute personne citée pour être entendue en témoignage, sera tenue de comparaître et de satisfaire à la citation : sinon, elle pourra être contrainte par le juge d'instruction, qui, à cet effet, sur les conclusions du procureur du Roi, sans autre formalité ni délai, et sans appel, prononcera une amende qui n'excédera pas cent francs, et pourra ordonner que la personne citée sera contrainte par corps à venir donner son témoignage.

81. Le témoin, ainsi condamné à l'amende sur le premier défaut, et qui, sur la seconde citation, produira devant le juge d'instruction des excuses légitimes, pourra, sur les conclusions du procureur du Roi, être déchargé de l'amende.

86. Si le témoin auprès duquel le juge se sera transporté, dans les cas prévus par les trois articles précédens, n'était pas dans l'impossibilité de comparaître sur la citation qui lui avait été donnée, le juge décernera un mandat de dépôt contre le témoin et l'officier de santé qui aura délivré le certificat ci-dessus mentionné.

La peine portée en pareil cas sera prononcée par le juge d'instruction du même lieu, et sur la réquisition du procureur du Roi, en la forme prescrite par l'article 80.

89. Les dispositions des articles 35, 36,

37, 38 et 39 concernant la saisie des objets dont la perquisition peut être faite par le procureur du Roi, dans le cas de flagrant délit, sont communes au juge d'instruction.

CHAPITRE VII.

Des Mandats de comparution, de dépôt, d'amener et d'arrêt.

94. IL pourra, après avoir entendu les prévenus, et le procureur du Roi ouï, décerner, lorsque le fait emportera peine afflictive ou infamante, ou emprisonnement correctionnel, un mandat d'arrêt dans la forme qui sera ci-après présentée.

98. Les mandats d'amener, de comparution, de dépôt et d'arrêt, seront exécutoires dans toute l'étendue du Royaume. . . . . .

100. Néanmoins, lorsqu'après plus de deux jours depuis la date du mandat d'amener, le prévenu aura été trouvé hors de l'arrondissement de l'officier qui a délivré ce mandat, et à une distance de plus de cinq myriamètres du domicile de cet officier, ce prévenu pourra n'être pas contraint de se rendre au mandat, mais alors le procureur du Roi de l'arrondissement où il aura été trouvé, et devant lequel il sera conduit, décernera un mandat de dépôt, en vertu duquel il sera retenu dans la maison d'arrêt. . . . .

101. Dans les vingt-quatre heures de l'exécution du mandat de dépôt, le procureur du

Roi qui l'aura délivré, en donnera avis, et transmettra les procès-verbaux, s'il en a été dressé, à l'officier qui a décerné le mandat d'amener.

106. Tout dépositaire de la force publique, et même toute personne, sera tenu de saisir le prévenu surpris en flagrant délit, ou poursuivi, soit par la clameur publique, soit dans les cas assimilés au flagrant délit, et de le conduire devant le procureur du Roi, sans qu'il soit besoin de mandat d'amener, si le crime ou délit emporte peine afflictive ou infamante.

112. L'inobservation des formalités prescrites pour les mandats de comparution, de dépôt, d'amener et d'arrêt, sera toujours punie d'une amende de cinquante francs au moins contre le greffier, et, s'il y a lieu, d'injonctions au juge d'instruction et au procureur du Roi, même de prise à partie s'il y échet.

CHAPITRE VIII.

De la Liberté provisoire et du Cautionnement.

114. Si le fait n'emporte pas une peine afflictive ou infamante, mais seulement une peine correctionnelle, la chambre du conseil pourra, sur la demande du prévenu, et sur les conclusions du procureur du Roi, ordonner que le prévenu sera mis provisoirement en liberté, moyennant caution solvable de se représenter à tous les actes de la procédure, et, pour l'exécution du jugement, aussitôt qu'il en sera requis.

La mise en liberté provisoire avec caution

pourra être demandée et accordée en tout état de cause.

117. La solvabilité de la caution offerte sera discutée par le procureur du Roi, et par la partie civile, dûment appelée.

Elle devra être justifiée par des immeubles libres, pour le montant du cautionnement et une moitié en sus, si mieux n'aime la caution déposer dans la caisse de l'enregistrement et des domaines le montant du cautionnement en espèces.

121. Les espèces déposées et les immeubles servant de cautionnement, seront affectés par privilége, 1º au paiement des réparations civiles et des frais avancés par la partie civile, 2º aux amendes ; le tout néanmoins sans préjudice du privilége du trésor royal, à raison des frais faits par la partie publique.

Le procureur du Roi et la partie civile pourront prendre inscription hypothécaire, sans attendre le jugement définitif. L'inscription prise à la requête de l'un ou de l'autre, profitera à tous les deux.

122. Le juge d'instruction rendra, le cas arrivant, sur les conclusions du procureur du Roi ou sur la demande de la partie civile, une ordonnance pour le paiement de la somme cautionnée.

Ce paiement sera poursuivi à la requête du procureur du Roi, et à la diligence du directeur de l'enregistrement. Les sommes recouvrées seront versées dans la caisse de l'enregistrement, sans préjudice des poursuites et des droits de la partie civile.

CHAPITRE IX.

Du Rapport des Juges d'instruction quand la procédure est complète.

127. LE juge d'instruction sera tenu de rendre compte, au moins une fois par semaine, des affaires dont l'instruction lui est dévolue.

Le compte sera rendu à la chambre du conseil, composée de trois juges au moins, y compris le juge d'instruction ; communication préalablement donnée au procureur du Roi , pour être par lui requis ce qu'il appartiendra.

132. Dans tous les cas de renvoi, soit à la police municipale, soit à la police correctionnelle, le procureur du Roi est tenu d'envoyer , dans les vingt-quatre heures au plus tard , au greffe du tribunal qui doit prononcer, toutes les pièces, après les avoir cotées.

133. Si, sur le rapport fait à la chambre du conseil par le juge d'instruction, les juges ou l'un d'eux estiment que le fait est de nature à être puni de peines afflictives ou infamantes , et que la prévention contre l'inculpé est suffisamment établie, les pièces d'instruction , le procès-verbal constatant le corps du délit , et un état des pièces servant à conviction , seront transmis sans délai, par le procureur du Roi , au procureur-général près la cour royale , pour être procédé ainsi

qu'il sera dit au chapitre *des Mises en accusation*.

Les pièces de conviction resteront au tribunal d'instruction, sauf ce qui sera dit aux articles 248 et 291.

135. Lorsque la mise en liberté des prévenus sera ordonnée conformément aux articles 128, 129 et 131 ci-dessus, le procureur du Roi ou la partie civile pourra s'opposer à leur élargissement. L'opposition devra être formée dans un délai de vingt-quatre heures, qui courra, contre le procureur du Roi, à compter du jour de l'ordonnance de mise en liberté, et contre la partie civile, à compter du jour de la signification à elle faite de ladite ordonnance au domicile par elle élu dans le lieu où siége le tribunal. L'envoi des pièces sera fait ainsi qu'il est dit à l'article 132.

Le prévenu gardera prison jusqu'après l'expiration du susdit délai.

LIVRE II.

DE LA JUSTICE.

TITRE Ier.

DES TRIBUNAUX DE POLICE.

(Loi décrétée le 19 novembre 1808 promulguée le 29 du même mois.)

CHAPITRE Ier.

Des Tribunaux de simple Police.

144. Les fonctions du ministère public, pour les faits de police, seront remplies par

11

le commissaire du lieu où siégera le tribunal : en cas d'empêchement du commissaire de police, ou s'il n'y en a point, elles seront remplies par le maire, qui pourra se faire remplacer par son adjoint.

S'il y a plusieurs commissaires de police, le procureur-général près la cour royale nommera celui ou ceux d'entre eux qui feront le service.

156. Les ascendans ou descendans de la personne prévenue, ses frères et sœurs ou alliés en pareil degré, la femme ou son mari, même après le divorce prononcé (1), ne seront ni appelés ni reçus en témoignage........

160. Si le fait est un délit qui emporte une peine correctionnelle ou plus grave, le tribunal renverra les parties devant le procureur du Roi.

§ II. *De la Juridiction des Maires comme Juges de police.*

167. Le ministère public sera exercé auprès du maire, dans les matières de police, par l'adjoint: en l'absence de l'adjoint, ou lorsque l'adjoint remplacera le maire comme juge de police, le ministère public sera exercé par un membre du conseil municipal, qui sera désigné à cet effet par le procureur du Roi, pour une année entière.

____

(1) *Loi du 8 mai 1808, art. 1er.* « Le divorce est aboli.»

§ III. *De l'Appel des Jugemens de police.*

175. Lorsque , sur l'appel, le procureur du Roi ou l'une des parties le requerra , les témoins pourront être entendus de nouveau , et il pourra même en être entendu d'autres.

178. Au commencement de chaque trimestre , les juges de paix et les maires transmettront au procureur du Roi l'extrait des jugemens de police qui auront été rendus dans le trimestre précédent, et qui auront prononcé la peine d'emprisonnement. Cet extrait sera délivré sans frais par le greffier.

Le procureur du Roi le déposera au greffe du tribunal correctionnel.

Il en rendra un compte sommaire au procureur-général près la cour royale.

CHAPITRE II.

Des Tribunaux en matière correctionnelle.

182. Le tribunal sera saisi, en matière correctionnelle , de la connaissance des délits de sa compétence , soit par le renvoi qui lui en sera fait d'après les articles 130 et 160 ci-dessus, soit par la citation donnée directement au prévenu et aux personnes civilement responsables du délit par la partie civile , et , à l'égard des délits forestiers, par le conservateur, inspecteur , ou sous-inspecteur forestier , ou par les gardes généraux ,

et, dans tous les cas, par le procureur du Roi.

190. L'instruction sera publique, à peine de nullité.

Le procureur du Roi, la partie civile ou son défenseur, et, à l'égard des délits forestiers, le conservateur, inspecteur ou sous-inspecteur forestier, ou à leur défaut le garde général, exposeront l'affaire : les procès-verbaux ou rapports, s'il en a été dressé, seront lus par le greffier ; les témoins pour et contre seront entendus, s'il y a lieu, et les reproches proposés et jugés ; les pièces pouvant servir à conviction ou à décharge seront représentées aux témoins et aux parties ; le prévenu sera interrogé ; le prévenu et les personnes civilement responsables proposeront leurs défenses : le procureur du Roi résumera l'affaire et donnera ses conclusions ; le prévenu et les personnes civilement responsables du délit pourront répliquer.

Le jugement sera prononcé de suite, ou, au plus tard, à l'audience qui suivra celle où l'instruction aura été terminée.

196. La minute du jugement sera signée au plus tard dans les vingt-quatre heures, par les juges qui l'auront rendu.

Les greffiers qui délivreront expédition d'un jugement avant qu'il ait été signé, seront poursuivis comme faussaires.

Les procureurs du Roi se feront représenter, tous les mois, les minutes des jugemens ; et, en cas de contravention au présent article, ils en dresseront procès-verbal pour être procédé ainsi qu'il appartiendra.

197. Le jugement sera exécuté à la requête du procureur du Roi et de la partie civile, chacun en ce qui le concerne.

Néanmoins les poursuites pour le recouvrement des amendes et confiscations seront faites au nom du procureur du Roi, par le directeur de la régie des droits d'enregistrement et des domaines.

198. Le procureur du Roi sera tenu, dans les quinze jours qui suivront la prononciation du jugement, d'en envoyer un extrait au procureur général près la cour royale.

200. Les appels des jugemens rendus en police correctionnelle seront portés des tribunaux d'arrondissement au tribunal du chef-lieu du département.

Les appels des jugemens rendus en police correctionnelle au chef-lieu du département, seront portés au tribunal du chef-lieu du département voisin quand il sera dans le ressort de la même cour royale, sans néanmoins que les tribunaux puissent, dans aucun cas, être respectivement juges d'appel de leurs jugemens.

Il sera formé un tableau des tribunaux de chef-lieu auxquels les appels seront portés.

201. Dans le département où siége la cour royale, les appels des jugemens rendus en

police correctionnelle seront portés à ladite
our.

Seront également portés à ladite cour les
appels des jugemens rendus en police correctionnelle dans le chef-lieu d'un département
voisin, lorsque la distance de cette cour ne
sera pas plus forte que celle du chef-lieu d'un
autre département.

202. La faculté d'appeler appartiendra,

1°. Aux parties prévenues ou responsables;

2°. A la partie civile, quant à ses intérêts
civils seulement ;

3°. A l'administration forestière ;

4°. Au procureur du Roi près le tribunal
de première instance, lequel, dans le cas où
il n'appellerait pas, sera tenu, dans le délai
de quinzaine, d'adresser un extrait du jugement au magistrat du ministère public près
le tribunal ou la cour qui doit connaître de
l'appel;

5°. Au ministère public près le tribunal ou
la cour qui doit prononcer sur l'appel.

207. La requête, si elle a été remise au
greffe du tribunal de première instance, et
les pièces, seront envoyées, par le procureur
du Roi, au greffe de la cour ou du tribunal
auquel l'appel sera porté, dans les vingt-
quatre heures après la déclaration ou la remise de la notification d'appel.

Si celui contre lequel le jugement a été
rendu est en état d'arrestation, il sera, dans
le même délai, et par ordre du procureur du

Roi, transféré dans la maison d'arrêt du lieu où siége la cour ou le tribunal qui jugera l'appel.

210. A la suite du rapport, et avant que le rapporteur et les juges émettent leur opinion, le prévenu, soit qu'il ait été acquitté, soit qu'il ait été condamné, les personnes civilement responsables du délit, la partie civile, et le procureur du Roi, seront entendus dans la forme et dans l'ordre prescrits par l'article 190.

TITRE II.

DES AFFAIRES QUI DOIVENT ÊTRE SOUMISES AU JURY.

(Loi décrétée le 9 décembre 1808, promulguée le 19 du même mois.)

CHAPITRE Ier.

Des Mises en accusation.

217. LE procureur - général près la cour royale sera tenu de mettre l'affaire en état dans les cinq jours de la réception des pièces qui lui auront été transmises en excution de l'article 133 ou de l'article 135, et de faire son rapport dans les cinq jours suivans, au plus tard. . . . .

218. Une section de la cour royale, spécialement formée à cet effet, sera tenue de se réunir, au moins une fois par semaine, à la chambre du conseil, pour entendre le

rapport du procureur-général et statuer sur ses réquisitions.

220. Si l'affaire est de la nature de celles qui sont réservées à la haute-cour (1), ou à la cour de cassation, le procureur-général est tenu d'en requérir la suspension et le renvoi, et la section de l'ordonner.

231. Si le fait est qualifié crime par la loi, et que la cour trouve des charges suffisantes pour motiver la mise en accusation, elle ordonnera le renvoi du prévenu soit aux assises, soit à la cour spéciale (2), dans le cas où cette cour serait compétente, d'après les règles établies au titre VI du présent livre...

235. Dans toutes les affaires, les cours royales, tant qu'elles n'auront pas décidé s'il y a lieu de prononcer la mise en accusation, pourront d'office, soit qu'il y ait ou non une instruction commencée par les premiers juges, ordonner des poursuites, se faire apporter les pièces, informer ou faire informer, et statuer ensuite ce qu'il appartiendra.

239. Il ne sera décerné préalablement aucune ordonnance de prise de corps ; et, s'il résulte de l'examen, qu'il y a lieu de renvoyer le prévenu à la cour d'assises, ou à la cour spéciale (3), ou au tribunal de police correc-

---

(1) *Nota.* La haute-cour créée par l'acte du 18 mai 1804 n'existe plus.
(2) Voyez la note sur le titre VI du livre II.
(3) Voyez *ibidem.*

tionnelle, l'arrêt portera cette ordonnance, ou celle de se représenter, si le prévenu a été admis à la liberté sous caution.

241. Dans tous les cas où le prévenu sera renvoyé à la cour d'assises ou à la cour spéciale (1), le procureur-général sera tenu de rédiger un acte d'accusation. . . . .

245. Le procureur-général donnera avis de l'arrêt de renvoi à la cour d'assises ou à la cour spéciale (2), tant au maire du lieu du domicile de l'accusé, s'il est connu, qu'à celui du lieu où le délit a été commis.

246. Le prévenu à l'égard duquel la cour royale aura décidé qu'il n'y a pas lieu au renvoi à l'une de ces cours, ne pourra plus y être traduit à raison du même fait, à moins qu'il ne survienne de nouvelles charges.

247. Sont considérés comme charges nouvelles, les déclarations des témoins, pièces et procès-verbaux qui, n'ayant pu être soumis à l'examen de la cour royale, sont cependant de nature, soit à fortifier les preuves que la cour aurait trouvées trop faibles, soit à donner aux faits de nouveaux développemens utiles à la manifestation de la vérité.

248. En ce cas, l'officier de police judiciaire, ou le juge d'instruction, adressera, sans délai, copie des pièces et charges au procureur-général près la cour royale. . . . .

---

(1) Voyez la note sur le titre VI du livre II.
(2) Voyez *ibidem*.

249. Le procureur du Roi enverra, tous les huit jours, au procureur - général , une notice de toutes les affaires criminelles , de police correctionnelle ou de simple police , qui seront survenues.

CHAPITRE II.

De la Formation des Cours d'assises.

251. Il sera tenu des assises dans chaque département , pour juger les individus que la cour royale y aura renvoyés.

252. Dans le département où siége la cour royale, les assises seront tenues par cinq de ses membres , dont l'un sera président.

Le procureur-général, ou l'un de ses substituts y remplira les fonctions du ministère public.

Le greffier de la cour y exercera ses fonctions.

253. Dans les autres départemens, la cour d'assises sera composée, 1°. d'un membre de de la cour royale , délégué à cet effet , et qui sera le président des assises ; 2°. de quatre juges pris parmi les présidens et les juges plus anciens du tribunal de première instance du lieu de la tenue des assises ; 3°. du procureur du Roi près de ce tribunal , ou de l'un de ses substituts (1) ; 4°. du greffier du même tribunal.

____

(1) *Loi du 25 décembre* 1815. « Les fonctions du » ministère public qui étaient attribuées à nos pro-

254. La cour royale pourra cependant déléguer un ou plusieurs de ses membres, pour
compléter le nombre des quatre juges de la
cour d'assises.

257. Les membres de la cour royale qui
auront voté sur la mise en accusation, ne
pourront, dans la même affaire, ni présider
les assises, ni assister le président, à peine
de nullité.

Il en sera de même à l'égard du juge d'instruction.

258. Les assises se tiendront ordinairement
dans le chef-lieu de chaque département.

La cour royale pourra néanmoins désigner
un tribunal autre que celui du chef-lieu.

263. Si, depuis la notification faite aux jurés
en exécution de l'article 389 du présent Code,
le président de la cour d'assises se trouve dans
l'impossibilité de remplir ses fonctions, il
sera remplacé par le plus ancien des autres
juges de la cour royale nommés ou délégués
pour l'assister ; et s'il n'a pour assesseur aucun juge de la cour royale, par le président
du tribunal de première instance.

264. Les juges de la cour royale seront, en
cas d'absence ou de tout autre empêchement,

» cureurs au criminel, seront exercées par nos pro-
» cureurs près les tribunaux de première instance des
» arrondissemens dans lesquels siégeront les cours
» d'assises, ou par leurs substituts. »

remplacés par d'autres juges de la même cour, et à leur défaut par des juges de première instance ; ceux de première instance le seront par les suppléans.

Les juges-auditeurs qui seront présens et auront l'âge requis, concourront pour le remplacement avec les juges de première instance, suivant l'ordre de leur réception.

265 Le procureur-général pourra, même étant présent, déléguer ses fonctions à l'un de ses substituts.

Cette disposition est commune à la cour royale et à la cour d'assises.

§ Ier. *Fonctions du Président.*

§ II. *Fonctions du Procureur-général près la cour royale.*

271. Le procureur-général près la cour royale poursuivra, soit par lui-même, soit par son substitut, toute personne mise en accusation, suivant les formes prescrites au chapitre Ier. du présent titre. Il ne pourra porter à la cour aucune autre accusation, à peine de nullité, et, s'il y a lieu, de prise à partie.

274. Le procureur-général, soit d'office, soit par les ordres du Ministre de la justice, charge le procureur du Roi de poursuivre les délits dont il a connaissance.

275. Il reçoit les dénonciations et les plaintes qui lui sont adressées directement, soit par

la cour royale, soit par un fonctionnaire public, soit par un simple citoyen, et il en tient registre.

Il les transmet au procureur du Roi.

283. Dans tous les cas où les procureurs du Roi et les présidens sont autorisés à remplir les fonctions d'officier de police judiciaire ou de juge d'instruction, ils pourront déléguer au procureur du Roi, au juge d'instruction et au juge de paix, même d'un arrondissement communal voisin du lieu du délit, les fonctions qui leur sont respectivement attribuées, autres que le pouvoir de délivrer les mandats d'amener, de dépôt et d'arrêt contre les prévenus.

§ III. *Fonctions du Procureur du Roi près la cour d'assises, comme Substitut du Procureur-général.*

284. Le procureur du Roi, dont il est parlé en l'article 253, remplacera, près la cour d'assises, le procureur-général dans les départemens autres que celui où siége la cour royale; sans préjudice de la faculté que le procureur-général aura toujours de s'y rendre lui-même pour y exercer ses fonctions.

285. Ce substitut (1) residera dans le chef-lieu du département.

----

(1) La loi du 25 décembre du 25 décembre 1815 (rapportée sur l'article 253) a rendu cet article sans objet.

286. Si les assises se tiennent dans une autre ville que le chef-lieu, il s'y transportera (1).

287. Le procureur du Roi (2) remplira aussi les fonctions du ministère public dans l'instruction et dans les jugemens des appels de police correctionnelle.

288. En cas d'empêchement momentané, il sera remplacé par le procureur du Roi près le tribunal de première instance du chef-lieu (3).

CHAPITRE III.

De la Procédure devant la Cour d'assises.

291. QUAND l'accusation aura été prononcée, si l'affaire ne doit pas être jugée dans le lieu où siége la cour royale, le procès sera, par les ordres du procureur-général, envoyé, dans les vingt-quatre heures, au greffe du tribunal de première instance du chef-lieu du département, ou au greffe du tribunal qui pourrait avoir été désigné.

Dans tous les cas, les pièces servant à conviction qui seront restées déposées au greffe du tribunal d'instruction, ou qui auraient été apportées à celui de la cour royale, seront remises, dans le même délai, au greffe où doivent être remises les pièces du procès.

---

(1) Voyez la note sur l'article précédent.
(2) Voyez la note sur l'article 253.
(1) Voyez *ibidem.*

295. Le conseil de l'accusé ne pourra être choisi par lui ou désigné par le juge que parmi les avocats ou avoués de la cour royale ou de son ressort, à moins que l'accusé n'obtienne du président de la cour d'assises, la permission de prendre pour conseil un de ses parens ou amis.

300. La déclaration doit être faite au greffe.

Aussitôt qu'elle aura été reçue par le greffier, l'expédition de l'arrêt sera transmise par le procureur-général près la cour royale, au procureur-général près la cour de cassation, laquelle sera tenue de prononcer, toutes affaires cessantes.

CHAPITRE IV.

De l'Examen, du Jugement et de l'Exécution.

SECTION Ire.

De l'Examen.

313. IMMÉDIATEMENT après, le président avertira l'accusé d'être attentif à ce qu'il va entendre.

Il ordonnera au greffier de lire l'arrêt de la cour royale portant renvoi à la cour d'assises, et l'acte d'accusation.

Le greffier fera cette lecture à haute voix.

322. Ne pourront être reçues les dépositions,

1°. Du père, de la mère, de l'aïeul, de

l'aïeule, ou de tout autre ascendant de l'accusé, ou de l'un des accusés présens et soumis au même débat ;

2°. Du fils, fille, petit-fils, petite-fille, ou de tout autre descendant ;

3°. Des frères et sœurs ;

4.° Des alliés aux mêmes degrés ;

5° Du mari ou de la femme, même après le divorce prononcé (1) ;

6°. . . . .

330. Si, d'après les débats, la déposition d'un témoin paraît fausse, le président pourra, sur la réquisition soit du procureur général, soit de la partie civile, soit de l'accusé, et même d'office, faire sur-le-champ mettre le témoin en état d'arrestation. Le procureur-général, et le président ou l'un des juges par lui commis, rempliront à son égard, le premier, les fonctions d'officier de police judiciaire ; le second, les fonctions attribuées aux juges d'instruction dans les autres cas.

Les pièces d'instruction seront ensuite transmises à la cour royale, pour y être statué sur la mise en accusation.

SECTION II.

Du Jugement et de l'Exécution.

380. Toutes les minutes des arrêts rendus aux assises seront réunies et déposées au

---

(1) Voyez la note sur l'article 156.

greffe du tribunal de première instance du chef-lieu du département.

Sont exceptées les minutes des arrêts rendus par la cour d'assises du département où siége la cour royale, lesquelles resteront déposées au greffe de ladite cour

CHAPITRE V.

Du Jury, et de la Manière de le former.

SECTION Ire.

Du Jury.

382. Les jurés sont pris,

1°. Parmi les membres des collèges électoraux ;

2°. Parmi les trois cents plus imposés domiciliés dans le département ;

3°. Parmi les fonctionnaires de l'ordre administratif à la nomination du Roi ;

4°. Parmi les docteurs. . . . . .

384. Les fonctions de juré sont incompatibles avec celle de Ministre, de préfet, de sous-préfet, de juge, de procureur-général, de procureur du Roi, et de leurs substituts.

Elles sont également incompatibles avec celles de ministre d'un culte quelconque.

385. Les conseillers d'état chargés d'une partie d'administration, les commissaires du Roi près les administrations ou régies, les septuagénaires, seront dispensés, s'ils le requièrent.

388. Chaque préfet enverra la liste ainsi réduite au Ministre de la justice, au premier président de la cour royale, au procureur-général près de la même cour, au président de la cour d'assises ou de section, et de plus au procureur du Roi exerçant près la cour d'assises.

391. Le juré qui aura été porté sur une liste, et aura satisfait aux réquisitions à lui faites, ne pourra être compris sur les listes des quatre sessions suivantes, à moins toutefois qu'il n'y consente.

En adressant les nouvelles listes de jurés au Ministre de la justice, les préfets y joindront la note de ceux qui, portés sur la liste précédente, n'auraient pas satisfait aux réquisitions. Le Ministre de la justice fera, tous les ans, un rapport sur la manière dont les citoyens inscrits sur les listes auront rempli leurs fonctions.

Si quelque fonctionnaire appelé comme juré n'a point répondu à l'appel, le rapport l'indiquera particulièrement.

Sa Majesté se réserve de donner aux jurés qui auront montré un zèle louable, des témoignages honorables de sa satisfaction.

SECTION II.

De la Manière de former et de convoquer le Jury.

TITRE III.

Des Manières de se pourvoir contre les Arrêts ou Jugemens.

(Loi décrétée le 10 décembre 1808, promulguée le 20.)

CHAPITRE Iᵉʳ.

Des Nullités de l'Instruction et du Jugement.

408. LORSQUE l'accusé aura subi une condamnation, et que, soit dans l'arrêt de la cour royale qui aura ordonné son renvoi devant une cour d'assises, soit dans l'instruction et la procédure qui auront été faites devant cette dernière cour, soit dans l'arrêt même de condamnation, il y aura eu violation ou omission de quelques-unes des formalités que le présent code prescrit sous peine de nullité, cette omission ou violation donnera lieu, sur la poursuite de la partie condamnée ou du ministère public, à l'annullation de l'arrêt de condamnation, et de ce qui l'a précédé, à partir du plus ancien acte nul.. . . . .

415. Dans le cas où, soit la cour de cassation, soit une cour royale, annullera une instruction, elle pourra ordonner que les frais de la procédure à recommencer seront à la charge de l'officier ou juge-instructeur qui aura commis la nullité.

Néanmoins la présente disposition n'aura lieu que pour des fautes très-graves, et à l'égard seulement des nullités qui seront commises deux ans après la mise en activité du présent code.

CHAPITRE II.

Des Demandes en Cassation.

423. APRÈS les dix jours qui suivront la déclaration, ce magistrat fera passer au Ministre de la justice les pièces du procès, et les requêtes des parties, si elles en ont déposé.

Le greffier de la cour ou du tribunal qui aura rendu l'arrêt ou le jugement attaqué, rédigera sans frais et joindra un inventaire des pièces, sous peine de cent francs d'amende, laquelle sera prononcée par la cour de cassation.

424. Dans les vingt-quatre heures de la réception de ces pièces, le Ministre de la justice les adressera à la cour de cassation, et il en donnera avis au magistrat qui les lui aura transmises. . . . .

429. La cour de cassation prononcera le renvoi du procès, savoir :

Devant une cour royale autre que celle qui aura réglé la compétence et prononcé la mise en accusation, si l'arrêt est annullé pour l'une des causes exprimées en l'article 299 ;. . . . .

432. Lorsque le renvoi sera fait à une cour royale, celle-ci, après avoir réparé l'instruction en ce qui la concerne, désignera, dans

son ressort, la cour d'assises par laquelle le procès devra être jugé.

433. Lorsque le procès aura été renvoyé devant une cour d'assises, et qu'il y aura des complices qui ne seront pas en état d'accusation, cette cour commettra un juge d'instruction, et le procureur-général, l'un de ses substituts, pour faire, chacun en ce qui le concerne, l'instruction, dont les pièces seront ensuite adressées à la cour royale, qui prononcera s'il y a lieu ou non à la mise en accusation.

435. L'accusé dont la condamnation aura été annullée, et qui devra subir un nouveau jugement au criminel, sera traduit, soit en état d'arrestation, soit en exécution de l'ordonnance de prise de corps, devant la cour royale ou d'assises à qui son procès sera renvoyé.

439. L'arrêt qui aura rejeté la demande en cassation, sera délivré dans les trois jours au procureur-général près la cour de cassation, par simple extrait signé du greffier, lequel sera adressé au Ministre de la justice, et envoyé par celui-ci au magistrat chargé du ministère public près la cour ou le tribunal qui aura rendu l'arrêt ou le jugement attaqué.

440. Lorsqu'après une première cassation le second arrêt ou jugement sur le fond sera attaqué par les mêmes moyens, il sera procédé

selon les formes prescrites par la loi du 16 septembre 1807. (1)

441. Lorsque, sur l'exhibition d'un ordre formel à lui donné par le Ministre de la justice, le procureur-général près la cour de cassation dénoncera à la section criminelle, des actes judiciaires, arrêts ou jugemens contraires à la loi, ces actes, arrêts ou jugemens pourront être annullés, et les officiers de police ou les juges poursuivis, s'il y a lieu, de la manière exprimée au chapitre III du titre IV du présent livre.

442. Lorsqu'il aura été rendu par une cour royale ou d'assises, ou par un tribunal correctionnel ou de police, un arrêt ou jugement en dernier ressort, sujet à cassation, et contre lequel néanmoins aucune partie n'au-

____

(1) *Loi du* 6 *septembre* 1807. Art. 1er. Il y a lieu à interprétation de la loi, si la cour de cassation annule deux arrêts ou jugemens en dernier ressort, rendus dans la même affaire entre les mêmes parties, et qui ont été attaqués par les mêmes moyens.

2. Cette interprétation est donnée dans la forme des réglemens d'administration publique.

3. Elle peut être demandée par la cour de cassation avant de prononcer le second arrêt.

4 Si elle n'est pas demandée, la cour de cassation ne peut rendre le second arrêt que les sections réunies et sous la présidence du ministre de la justice.

5. Dans le cas déterminé en l'article précédent, si le troisieme arrêt est attaqué, l'interprétation est de droit, et il y sera procédé comme il est dit à l'article 2.

rait réclamé dans le délai déterminé, le procureur général près la cour de cassation pourra aussi d'office, et nonobstant l'expiration du délai, en donner connaissance à la cour de cassation : l'arrêt ou le jugement sera cassé, sans que les parties puissent s'en prévaloir pour s'opposer à son exécution.

CHAPITRE III.

Des Demandes en Révision.

443. Lorsqu'un accusé aura été condamné pour un crime, et qu'un autre accusé aura aussi été condamné par un autre arrêt comme auteur du même crime, si les deux arrêts ne peuvent se concilier, et sont la preuve de l'innocence de l'un ou de l'autre condamné, l'exécution des deux arrêts sera suspendue, quand même la demande en cassation de l'un ou de l'autre arrêt aurait été rejetée.

Le Ministre de la justice, soit d'office, soit sur la réclamation des condamnés ou de l'un d'eux, ou du procureur-général, chargera le procureur-général près de la cour de cassation, de dénoncer les deux arrêts à cette cour.

Ladite cour, section criminelle, après avoir vérifié que les deux condamnations ne peuvent se concilier, cassera les deux arrêts, et renverra les accusés, pour être procédé sur les actes d'accusation subsistans, devant une cour autre que celles qui auront rendu les deux arrêts.

444. Lorsqu'après une condamnation pour

homicide, il sera, de l'ordre exprès du Ministre de la justice, adressé à la cour de cassation, section criminelle, des pièces représentées postérieurement à la condamnation, et propres à faire naître de suffisans indices sur l'existence de la personne dont la mort supposée aurait donné lieu à la condamnation, cette cour pourra préparatoirement désigner une cour royale, pour reconnaître l'existence et l'identité de la personne prétendue homicidée, et les constater par l'interrogatoire de cette personne, par audition de témoins, et par tous les moyens propres à mettre en évidence le fait destructif de la condamnation.

L'exécution de la condamnation sera de plein droit suspendue par l'ordre du Ministre de la justice, jusqu'à ce que la cour de cassation ait prononcé, et, s'il y a lieu ensuite, par l'arrêt préparatoire de cette cour. . . . .

445. Lorsqu'après une condamnation contre un accusé, l'un ou plusieurs des témoins qui avaient déposé à charge, contre lui, seront poursuivis pour avoir porté un faux témoignage dans le procès, et si l'accusation en faux témoignage est admise contre eux, ou même s'il est décerné contre eux des mandats d'arrêt, il sera sursis à l'exécution de l'arrêt de condamnation, quand même la cour de cassation aurait rejeté la requête du condamné.

Si les témoins sont ensuite condamnés pour faux témoignage à charge, le Ministre de la justice, soit d'office, soit sur la réclamation de l'individu condamné par le premier arrêt, ou du procureur - général, chargera le procureur-général près la cour de cassation, de dénoncer le fait à cette cour.......

TITRE IV.

DE QUELQUES PROCÉDURES PARTICULIÈRES.

(Chap. I — V. Loi décrétée le 12 décembre 1808. Promulguée le 22 du même mois.)

(Chap. VI — VII. Loi décrétée le 13. Promulguée le 23.)

CHAPITRE Ier.

Du Faux.

464. LE surplus de l'instruction sur le faux se fera comme sur les autres délits, sauf l'exception suivante.

Les présidens des cours d'assises ou spéciales (1), les procureurs-généraux ou leurs substituts, les juges d'instruction et les juges de paix, pourront continuer, hors de leur ressort, les visites nécessaires chez les personnes soupçonnées d'avoir fabriqué, introduit, distribué de faux papiers royaux, de faux billets de la banque de France, ou des banques de département.

La présente disposition a lieu également pour le crime de fausse monnaie, ou de contrefaction du sceau de l'état.

(1) Voyez la note sur le titre VI du livre II.

CHAPITRE II.

Des Contumaces. (1)

468. AUCUN conseil, aucun avoué ne pourra se présenter pour défendre l'accusé contumace.

Si l'accusé est absent du territoire européen de la France, ou s'il est dans l'impossibilité absolue de se rendre, ses parens ou ses amis pourront présenter son excuse et en plaider la légitimité.

470. Hors ce cas, il sera procédé de suite à la lecture de l'arrêt de renvoi à la cour d'assises ou à la cour spéciale (2) de l'acte de notification de l'ordonnance ayant pour objet la représentation du contumax, et des procès-verbaux dressés pour en constater la publication et l'affiche.

Après cette lecture, la cour, sur les conclusions du procureur-général ou de son substitut, prononcera sur la contumace.......

472. Extrait du jugement de condamnation sera, dans les trois jours de la prononciation, à la diligence du procureur-général ou de son substitut, affiché par l'exécuteur des jugemens criminels, à un poteau qui sera planté au milieu de l'une des places publiques de la ville chef-lieu de l'arrondissement où le crime aura été commis.

---

(1) *Nota.* Aux articles 465, 466 et 470, sur les mots *cour spéciale,* voyez la note sur le titre VI du livre II.

(2) Voyez la note précédente.

Pareil extrait sera, dans le même délai, adressé au directeur des domaines et droits d'enregistrement du domicile du contumax.

473. Le recours en cassation ne sera ouvert contre les jugemens de contumace qu'au procureur-général, et à la partie civile en ce qui la regarde.

476. .... Si cependant la condamnation par contumace était de nature à emporter la mort civile, et si l'accusé n'a été arrêté ou ne s'est représenté qu'après les cinq ans qui ont suivi l'exécution du jugement de contumace, ce jugement, conformément à l'article 30 du code civil, conservera, pour le passé, les effets que la mort civile aurait produits dans l'intervalle écoulé depuis l'expiration des cinq ans jusqu'au jour de la comparution de l'accusé en justice.

CHAPITRE III.

Des Crimes commis par des Juges, hors de leurs fonctions, et dans l'exercice de leurs fonctions.

SECTION Ire.

De la Poursuite et Instruction contre des Juges, pour crimes et délits par eux commis hors de leurs fonctions.

479. Lorsqu'un juge de paix, un membre de tribunal correctionnel ou de première ins-

tance, ou un officier chargé du ministère public près l'un de ces tribunaux, sera prévenu d'avoir commis, hors de ses fonctions, un délit emportant une peine correctionnelle, le procureur-général près la cour royale le fera citer devant cette cour, qui prononcera sans qu'il puisse y avoir appel.

480. S'il s'agit d'un crime emportant peine afflictive ou infamante, le procureur-général près la cour royale et le premier président de cette cour désigneront, le premier, le magistrat qui exercera les fonctions d'officier de police judiciaire; le second, le magistrat qui exercera les fonctions de juge d'instruction.

481. Si c'est un membre de cour royale, ou un officier exerçant près d'elle le ministère public, qui soit prévenu d'avoir commis un délit ou un crime hors de ses fonctions, l'officier qui aura reçu les dénonciations ou les plaintes, sera tenu d'en envoyer de suite des copies au Ministre de la justice, sans aucun retard de l'instruction, qui sera continuée comme il est précédemment réglé, et il adressera pareillement au Ministre une copie des pièces.

482. Le Ministre de la justice transmettra les pièces à la cour de cassation, qui renverra l'affaire, s'il y a lieu, soit à un tribunal de police correctionnelle, soit à un juge d'instruction, pris l'un et l'autre hors du ressort de

la cour à laquelle appartient le membre inculpé.

S'il s'agit de prononcer la mise en accusation, le renvoi sera fait à une autre cour royale.

SECTION II.

De la Poursuite et Instruction contre des Juges et Tribunaux autres que les Membres de la Cour de cassation, les Cours royales et les Cours d'assises, pour forfaiture et autres crimes ou délits relatifs à leurs fonctions.

484. Lorsque des fonctionnaires de la qualité exprimée en l'article précédent seront prévenu d'avoir commis un crime emportant la peine de forfaiture ou autre plus grave, les fonctions ordinairement dévolues au juge d'instruction et au procureur du Roi seront immédiatement remplies par le premier président et le procureur-général près la cour royale, chacun en ce qui le concerne, ou par tels autres officiers qu'ils auront respectivement et spécialement désignés à cet effet......

485. Lorsque le crime commis dans l'exercice des fonctions et emportant la peine de forfaiture ou autre plus grave, sera imputé soit à un tribunal entier de commerce, correctionnel ou de première instance, soit individuellement à un ou plusieurs membres des cours royales et aux procureurs-généraux et

substituts près ces cours, il sera procédé comme il suit.

386. Le crime sera dénoncé au Ministre de la justice, qui donnera, s'il y a lieu, ordre au procureur-général près la cour de cassation, de le poursuivre sur la dénonciation.

Le crime pourra aussi être dénoncé directement à la cour de cassation par les personnes qui se prétendront lésées, mais seulement lorsqu'elles demanderont à prendre le tribunal ou le juge à partie, ou lorsque la dénonciation sera incidente à une affaire pendante à la cour de cassation.

487. Si le procureur-général près la cour de cassation ne trouve pas dans les pièces à lui transmises par le ministre de la justice, ou produites par les parties, tous les renseignemens qu'il jugera nécessaires, il sera, sur son réquisitoire, désigné par le premier président de cette cour un de ses membres, pour l'audition des témoins, et tous autres actes d'instruction qu'il peut y avoir lieu de faire dans la ville où siége la cour de cassation.

490. Sur le vu, soit des pièces qui auront été transmises par le Ministre de la justice, ou produites par les parties, soit des renseignemens ultérieurs qu'il se sera procurés, le premier président décernera, s'il y a lieu, le mandat de dépôt.

Ce mandat désignera la maison d'arrêt dans laquelle le prévenu devra être déposé.

CHAPITRE IV.

Des Délits contraires au respect dû aux autorités constituées.

507. A l'égard des voies de fait qui auraient dégénéré en crimes, ou de tous autres crimes flagrants commis à l'audience de la cour de cassation, d'une cour royale ou d'une cour d'assises ou spéciale (1), la cour procédera au jugement de suite et sans désemparer.

Elle entendra les témoins, le délinquant et le conseil qu'il aura choisi ou qui lui aura été désigné par le président ; et, après avoir constaté les faits et ouï le procureur-général ou son substitut, le tout publiquement, elle appliquera la peine par un arrêt, qui sera motivé.

CHAPITRE V.

De la Manière dont seront reçues, en matière criminelle, correctionnelle et de police, les dépositions des Princes et de certains Fonctionnaires de l'Etat.

510. LES Princes ou Princesses du sang royal, les grands dignitaires et le Ministre

---

(1) Voyez la note sur le titre VI du livre II.

de la justice ne pourront jamais être cités comme témoins, même pour les débats qui ont lieu en présence du jury, si ce n'est dans le cas où le Roi, sur la demande d'une partie ou le rapport du Ministre de la justice, aurait, par une ordonnance spéciale, autorisé cette comparution.

511. Les dépositions des personnes de cette qualité seront, sauf l'exception ci-dessus prévue, rédigées par écrit et reçues par le premier président de la cour royale, si les personnes dénommées en l'article précédent résident ou se trouvent au chef-lieu d'une cour royale; si non, par le président du tribunal de première instance de l'arrondissement dans lequel elles auraient leur domicile, ou se trouveraient accidentellement.....

513. Dans le cas où le Roi aurait ordonné ou autorisé la comparution de quelques-unes des personnes ci-dessus désignées, devant le jury, l'ordonnance désignera le cérémonial à observer à leur égard.

514. A l'égard des Ministres autres que le Ministre de la justice, des grands-officiers de la couronne, conseillers d'état chargés d'une partie dans l'administration publique, généraux en chef actuellement en service, ambassadeurs et autres agens du Roi accrédités près les cours étrangères, il sera procédé comme il suit.....

S'il s'agit du témoignage d'un agent résidant auprès d'un gouvernement étranger, cet état (des faits, demandes et questions) sera adressé au Ministre de la justice, qui en fera le renvoi sur les lieux, et désignera la personne qui recevra la déposition.

517. Si les fonctionnaires de la qualité exprimée dans l'article 514, sont cités à comparaître comme témoins devant un jury assemblé hors du lieu où ils résident pour l'exercice de leurs fonctions, ou de celui où ils se trouveraient accidentellement, ils pourront en être dispensés par une ordonnance du Roi.

Dans ce cas, ils déposeront par écrit, et l'on observera les dispositions prescrites par les articles 514, 515 et 516.

CHAPITRE VI.

De la Reconnaissance de l'identité des Individus condamnés, évadés et repris.

CHAPITRE VII.

Manière de procéder en cas de destruction ou d'enlèvement des Pièces ou du Jugement d'une affaire.

TITRE V.

DES RÉGLEMENS DE JUGES, ET DES RENVOIS D'UN TRIBUNAL A UN AUTRE.

(Loi décrétée le 14 décembre 1808. Promulguée le 24 du même mois)

CHAPITRE Ier.

Des Réglemens de Juges.

527. Il y aura lieu également à être réglé de juges par la cour de cassation, lorsqu'un tribunal militaire ou maritime, ou un officier de police militaire, ou tout autre tribunal d'exception, d'une part, une cour royale, ou d'assises, ou spéciale (1), un tribunal jugeant correctionnellement, un tribunal de police ou un juge d'instruction d'autre part, seront saisis de la connaissance du même délit ou de délits connexes, ou de la même contravention.

532. Lorsque, sur la simple requête, il sera intervenu arrêt qui aura statué sur la demande en réglement de juges, cet arrêt sera, à la diligence du procureur-général près la cour de cassation, et par l'intermédiaire du Ministre de la justice, notifié à l'officier chargé du ministère public près la cour, le tribunal ou le magistrat dessaisi.

Il sera notifié de même au prévenu ou à l'accusé, et à la partie civile, s'il y en a une.

539. Lorsque le prévenu ou l'accusé, l'officier chargé du ministère public, ou la partie civile, aura excipé de l'incompétence d'un

---

(1) Voyez la note sur le titre VI du livre II. — Appliquez cette note aux mots *cours spéciales* de l'article suivant.

tribunal de première instance ou d'un juge d'instruction, ou proposé un déclinatoire, soit que l'exception ait été admise ou rejetée, nul ne pourra recourir à la cour de cassation pour être réglé de juges; sauf à se pourvoir devant la cour royale contre la décision portée par le tribunal de première instance ou le juge d'instruction, et à se pourvoir en cassation, s'il y a lieu, contre l'arrêt rendu par la cour royale.

540. Lorsque deux juges d'instruction ou deux tribunaux de première instance, établis dans le ressort de la même cour royale, seront saisis de la connaissance du même délit ou de délits connexes, les parties seront réglées de juges par cette cour, suivant la forme prescrite au présent chapitre ; sauf le recours, s'il y a lieu, à la cour de cassation.

Lorsque deux tribunaux de police simple seront saisis de la connaissance de la même contravention ou de contraventions connexes, les parties seront réglées de juges par le tribunal auquel ils ressortissent l'un et l'autre; et s'ils ressortissent à différens tribunaux, elles seront réglées par la cour royale, sauf le recours, s'il y a lieu, à la cour de cassation.

CHAPITRE II.

Des Renvois d'un Tribunal à un autre.

542. En matière criminelle, correctionnelle et de police, la cour de cassation

peut, sur la réquisition du procureur-général près cette cour, renvoyer la connaissance d'une affaire, d'une cour royale, ou d'assises ou spéciale (1) à une autre, d'un tribunal correctionnel ou de police à un autre tribunal de même qualité, d'un juge d'instruction à un autre juge d'instruction, pour cause de sûreté publique ou de suspicion légitime.

Ce renvoi peut aussi être ordonné sur la réquisition des parties intéressées, mais seulement pour cause de suspicion légitime.

544. Les officiers chargés du ministère public pourront se pourvoir immédiatement devant la cour de cassation, pour demander le renvoi pour cause de suspicion légitime; mais lorsqu'il s'agira d'une demande en renvoi pour cause de sûreté publique, ils seront tenus d'adresser leurs réclamations, leurs motifs et les pièces à l'appui, au Ministre de la justice, qui les transmettra, s'il y a lieu, à la cour de cassation.

548. Tout arrêt qui, sur le vu de la requête et des pièces, aura définitivement statué sur une demande en renvoi, sera, à la diligence du procureur-général près la cour de cassation, et par l'intermédiaire du Ministre de la justice, notifié soit à l'officier chargé du ministère public près la cour, le tribunal ou le juge d'instruction dessaisi, soit à la

---

(1) Voyez la note sur le titre VI du livre II.

partie civile, au prévenu ou à l'accusé en personne ou au domicile élu.

TITRE VI.

DES COURS SPÉCIALES. (1)

(Loi décrétée le 15 décembre 1808, promulguée le 25.)

CHAPITRE UNIQUE.

De la Compétence, de la Composition des Cours spéciales, et de la Procédure.

556. LA cour spéciale ne pourra juger qu'au nombre de huit juges : elle sera composée, 1°. du président de la cour d'assises, lorsqu'il sera sur les lieux ; en son absence ou en cas d'empêchement, d'un des membres de la cour royale qui aurait été délégué à la cour d'assises, et, à leur défaut, du président du tribunal de première instance dans le ressort duquel la cour spéciale tiendra ses séances ; 2°. des quatre juges formant, aux termes des articles 253 et 254, avec le pré-

---

(1) *Loi du* 20 *décembre* 1815. Art. 8. «Les cours pré-
» vôtales connaîtront des crimes qui étaient attribués
» aux cours spéciales par le Code d'instruction crimi-
» nelle. »

(*Nota.* Cette loi cessera d'avoir son effet après la session de 1817, si elle n'a été renouvelée. *Art.* 55 *et dernier.*)

158 CODE D'INSTRUCTION CRIMINELLE.

sident, la cour d'assises; 3°. de trois militaires ayant au moins le grade de capitaine.

Une loi particulière réglera l'organisation de la cour spéciale du département de la Seine.

557. Dans le département où siége la cour royale, le procureur-général ou l'un de ses substituts remplira, auprès de la cour spéciale, les fonctions du ministère public.

Le greffier de la cour, ou un de ses commis assermentés, y exercera ses fonctions.

558. Dans les autres départemens, les fonctions du ministère public seront exercées par le procureur du Roi (1).

Et les fonctions de greffier seront remplies par le greffier du tribunal de première instance, ou par un de ses commis assermentés.

561. Le jour et le lieu où la session devra s'ouvrir, seront fixés par la cour royale.......

§ IV. *Fonctions du Procureur général et du Procureur du Roi exerçant près la Cour spéciale* (2).

565. Le procureur-général, et son substitut le procureur du Roi, exercent respectivement, dans les cours spéciales, les fonctions qui leur seront attribuées pour la poursuite, l'instruction, le jugement, dans les affaires de la compétence des cours d'assises.......

---

(1) Voyez la note sur l'article 252.

(2) Voyez *ibidem*.

567. L'arrêt de la cour royale qui renvoie à la cour spéciale, et l'acte d'accusation, seront, dans les trois jours, signifiés à l'accusé.

568. Le procureur-général adressera, dans le même délai, expédition de l'arrêt au Ministre de la justice, pour être transmise à la cour de cassation.

573. Dans les trois jours de la réception de l'arrêt de la cour de cassation, le ministère public près la cour royale fera ses diligences pour la convocation la plus prompte de la cour spéciale.

595. La cour, après la prononciation de l'arrêt, pourra, pour des motifs graves, recommander l'accusé à la commisération du Roi.

Cette recommandation ne sera point insérée dans l'arrêt, mais dans un procès-verbal séparé, secret, motivé, dressé en la chambre du conseil, le ministère public entendu, et signé comme la minute de l'arrêt de condamnation.

Expédition dudit procès-verbal, ensemble de l'arrêt de condamnation, sera adressée de suite par le procureur-général au Ministre de la justice.

TITRE VII.

DE QUELQUES OBJETS D'INTÉRÊT PUBLIC ET DE SURETÉ GÉNÉRALE.

(Loi décrétée le 16 décembre 1808. Promulguée le 21 du même mois.)

CHAPITRE Ier.

Du Dépôt général de la Notice des jugemens.

600. Les greffiers des tribunaux correctionnels et des cours d'assises et spéciales (1), seront tenus de consigner, par ordre alphabétique, sur un registre particulier, les noms, prénoms......

601. Tous les trois mois, les greffiers enverront, sous peine de cent francs d'amende, copie de ces registres au Ministre de la justice et à celui de la police générale.

CHAPITRE II.

Des Prisons, Maisons d'arrêt et de justice.

CHAPITRE III.

Des Moyens d'assurer la Liberté individuelle contre les détentions illégales ou d'autres actes abitraires.

615. En exécution des articles 77, 78, 79, 80 81 et 82 de l'acte du 13 décembre 1799 (2), quiconque aura connaissance qu'un individu est détenu dans un lieu qui n'a pas été des-

______

(1) Voyez la note sur le titre VI du livre II. — Appliquez cette note aux mots *cour spéciale* de l'article 609.

(2) Voyez ces six articles dans l'acte appelé *des Constitutions du 22 frimaire an VIII.* Ils sont transcrits littéralement dans l'édition officielle.

tiné à servir de maison d'arrêt, de justice ou de prison, est tenu d'en donner avis au juge de paix, au procureur du Roi ou à son substitut, ou au juge d'instruction, ou au procureur-général près la cour royale.

CHAPITRE IV.

De la Réhabilitation des Condamnés.

620. Nul ne sera admis à demander sa réhabilitation . . . . . . s'il ne joint à sa demande des attestations de bonne conduite qui lui auront été données par les conseils municipaux. . . . . .

Les attestations exigées ci-dessus devront être approuvées par le sous-préfet et le procureur du Roi ou son substitut, et par les juges de paix des lieux où il aura demeuré ou résidé.

621. La demande en réhabilitation, les attestations exigées par l'article précédent, et l'expédition du jugement de condamnation, seront déposés au greffe de la cour royale dans le ressort de laquelle résidera le condamné

626. La cour, le procureur-général entendra, donnera son avis.

629. Si la cour pense que la demande en réhabilitation peut être admise, son avis, ensemble les pièces exigées par l'article 620, seront, par le procureur-général, et dans le plus bref délai, transmis au Ministre de la

justice, qui pourra consulter le tribunal qui aura prononcé la condamnation.

630. Il en sera fait rapport à Sa Majesté par le Ministre de la justice.

CHAPITRE V.

De la Prescription.

642. LES condamnations civiles portées par les arrêts ou par les jugemens rendus en matière criminelle, correctionnelle ou de police, et devenues irrévocables, se prescriront d'après les règles établies par le Code civil.

FIN DU CODE D'INSTRUCTION CRIMINELLE.

OBSERVATIONS.

DOIVENT être rapprochés du Code d'instruction criminelle,

Le décret du 23 octobre 1811, relatif au cas où un *Gouvernement étranger demanderait l'extradition d'un Français*, prévenu d'avoir commis un crime contre des étrangers sur le territoire du gouvernement étranger : on peut l'annoter sur l'article 5 ;

L'avis du conseil d'état du 2 mai 1809, approuvé le 17, relatif à *la poursuite des agens de change*, *courtiers de commerce et negocians*, contrevenant aux lois sur les bourses de commerce et au Code de commerce : on peut l'annoter sur l'article 22.

Le décret du 16 mars 1813, relatif aux *poursuites des contraventions aux lois et arrêtés concernant les poudres et salpétres* : annotable sur l'article 179.

Le décret du 18 juin 1809, accordant *une place particulière aux audiences des tribunaux correctionnels*, aux conservateurs, sous-inspecteurs et gardes-généraux poursuivant la punition de délits de bois au nom de l'administration forestière : annotable sur l'art. 190 ;

L'avis du conseil d'état du 10 septembre 1805 (quoique antérieur au Code), sur *le remboursement* des frais de procédure, dans le cas de mort du condamné, avant l'exécution : on peut l'annoter sur l'article 368 ;

Celui du 26 octobre 1806, approuvé le 12 novembre (aussi antérieur au Code), sur *la question de savoir si*, sur l'appel émis par la partie civile, les cours criminelles peuvent réformer les dispositions non attaquées de jugemens rendus en matière correctionnelle : on peut l'annoter sur l'article 199 ;

Le décret du 22 octobre 1810, *appelant les officiers en retraite* à suppléer les officiers de gendarmerie dans les fonctions de juges dans les cours spéciales ordinaires : on peut l'annoter sur l'article 556 ;

Le décret du 18 juin 1811, contenant

Tarif des frais en matière criminelle, correctionnelle et de simple police ; et celui modificatif, du 7 avril 1813 : ils appartiennent à tout le Code ;

La loi du 9 novembre 1815 , concernant *les écrits, actes, discours et cris séditieux* : on peut l'annoter sur les articles 133 et 179 ;

La loi du 23 décembre 1815 (en entier), portant *suppression* des places de substituts des procureursgénéraux faisant fonctions de procureurs criminels dans les départemens , et indiquant pour leurs remplaçans les procureurs du Roi près les tribunaux de première instance : on peut l'annoter sur l'article 284 ;

Et la loi entière du 20 septembre 1815 , sur *l'établissement des cours prévôtales* : on peut l'annoter sur l'article 554.

CODE PÉNAL [1]

(Loi décrétée le 12 février 1810. Promulguée le 22 du même mois.)

LIVRE Ier.

DES PEINES EN MATIÈRE CRIMINELLE ET COR-
RECTIONNELLE, ET DE LEURS EFFETS.

(Suite de la loi du 12 février 1810.)

Art. 7. Les peine afflictives et infamantes sont ;

1°. La mort;

2°. Les travaux forcés à perpétuité;

3°. La déportation ;

4°. Les travaux forcés à temps ;

5°. La réclusion.

La marque et la confiscation générale (2) peuvent être prononcées concurremment avec une peine afflictive, dans les cas détermi-nés par la loi.

---

(1) L'ordonnance du Roi pour ce Code est du 9 septembre 1816.

(2) *Charte constitutionnelle.* Art. 66. « La peine de » la confiscation des biens est abolie et ne pourra » être rétablie. »

CHAPITRE Ier.

Des Peines en matière criminelle.

17 La peine de la déportation consistera à être transporté et à demeurer a perpétuité dans un lieu déterminé par le gouvernement hors du territoire continental de la France.

Si le déporté rentre sur le territoire du Royaume, il sera, sur la seule preuve de son identité, condamné aux travaux forcés à per=pétuité.

Le déporté qui ne sera pas-rentré sur le territoire du Royaume, mais qui sera saisi dans des pays occupés par les armées françaises, sera reconduit dans le lieu de sa déportation.

28. Quiconque aura été condamné à la peine des travaux forcés à temps, du bannissement, de la réclusion ou du carcan, ne pourra jamais être juré, ni expert, ni être employé comme témoin dans les actes, ni déposer en justice autrement que pour y donner de simples renseignemens.

Il sera incapable de tutelle et de curatelle, si ce n'est de ses enfans, et sur l'avis seulement de sa famille.

Il sera déchu du droit de port d'armes, et du droit de servir dans les armées du Roi.

29. Quiconque auré été condamné à la peine des travaux forcés à temps ou de la réclusion, sera de plus, pendant la durée de sa peine, en état d'interdiction légale; il lui sera nommé

un curateur pour gérer et administrer ses biens, dans les formes prescrites pour la nomination des tuteurs aux interdits.

32. Quiconque aura été condamné au bannissement, sera transporté, par ordre du gouvernement, hors du territoire du Royaume.

La durée du bannissement sera au moins de cinq années, et de dix ans au plus.

33. Si le banni, durant le temps de son bannissement, rentre sur le territoire du Royaume, il sera, sur la seule preuve de son identité, condamné à la peine de la déportation.

37. La confiscation générale, (1) est l'attribution des biens d'un condamné au domaine de l'Etat.

Elle ne sera la suite nécessaire d'aucune condamnation ; elle n'aura lieu que dans les cas où la loi la prononce expressément.

39. Le Roi pourra disposer des biens confisqués (2), en faveur, soit des père, mère ou autres ascendans, soit de la veuve, soit des enfans ou autres descendans légitimes, naturels ou adoptifs, soit des autres parens du condamné.

CHAPITRE II.

Des Peines en matière correctionnelle.

---

(1) Voyez la note sur l'article 7. — Appliquez cette note à l'article suivant.
(2) Voyez *ibidem.*

CHAPITRE III.

Des Peines et des autres Condamnations qui peuvent être prononcées pour Crimes ou Délits.

44. L'EFFET du renvoi sous la surveillance de la haute police de l'État, sera de donner au Gouvernement, ainsi qu'à la partie intéressée, le droit d'exiger, soit de l'individu placé dans cet état, après qu'il aura subi sa peine, soit de ses père et mère, tuteur ou curateur, s'il est en âge de minorité, une caution solvable de bonne conduite, jusqu'à la somme qui sera fixée par l'arrêt ou le jugement : toute personne pourra être admise à fournir cette caution.

Faute de fournir ce cautionnement, le condamné demeure à la disposition du Gouvernement, qui a le droit d'ordonner, soit l'éloignement de l'individu d'un certain lieu, soit sa résidence continue dans un lieu déterminé de l'un des départemens du Royaume.

54. En cas de concurrence de l'amende ou de la confiscation (1) avec les restitutions et les dommages-intérêts, sur les biens insuffisans du condamné, ces dernières condamnations obtiendront la préférence.

----

(1) Voyez la note sur l'article 7.

CHAPITRE IV.

Des Peines de la Récidive pour Crimes et Délits.

LIVRE II.

DES PERSONNES PUNISSABLES, EXCUSABLES OU RESPONSABLES, POUR CRIMES OU POUR DÉLITS.

(Loi décrétée le 13 février 1810 Promulguée le 23 même mois.)

CHAPITRE UNIQUE.

73. Les aubergistes et hôteliers convaincus d'avoir logé, plus de vingt-quatre heures, quelqu'un qui, pendant son séjour, aurait commis un crime ou un délit, seront civilement responsables des restitutions, des indemnités, et des frais adjugés à ceux à qui ce crime ou ce délit aurait causé quelque dommage, faute par eux d'avoir inscrit sur leur registre le nom, la profession et le domicile du coupable; sans préjudice de leur responsabilité dans le cas des articles 1952 et 1953 du Code civil.

74. Dans les autres cas de responsabilité civile qui pourront se présenter dans les affaires criminelles, correctionnelles ou de police, les cours et tribunaux devant qui ces affaires seront portées, se conformeront aux

dispositions du Code civil, livre III, tit. IV, chapitre II.

LIVRE III.

DES CRIMES, DES DÉLITS ET DE LEUR PUNITION.

TITRE Ier.

CRIMES ET DÉLITS CONTRE LA CHOSE PUBLIQUE.

(Chap. Ier. — II. Loi décrétée le 15 février 1810. Promulguée le 25 du même mois.)

(Chap. III. Loi décrétée le 16. Promulguée le 26.)

CHAPITRE Ier.

Crimes et Délits contre la sûreté de l'Etat.

SECTION Ire.

Des Crimes et Délits contre la sûreté extérieure de l'Etat.

75. TOUT Français qui aura porté les armes contre la France sera puni de mort.

Ses biens seront confisqués (1).

77. Sera également puni de mort et de la confiscation de ses biens, quiconque aura pra-

---

(1) Voyez la note sur l'article 7. — Appliquez la même note aux mots *biens confisqués, confiscation de biens*, des articles 76, 77, 81, 86, 87, 91, 92, 93, 94, 95, 96, 97, 125, 132, 137, 139, et 164. Je ne les répéterai pas à chacun de ces articles, et je passerai les articles lorsqu'il n'y aura que cette annotation à faire, et qu'il n'y aura pas de changemens.

tiqué des manœuvres ou entretenu des intelligences avec les ennemis de l'État, à l'effet de faciliter leur entrée sur le territoire et dépendances du Royaume, ou de leur livrer des villes, forteresses, places, postes, ports, magasins, arsenaux, vaisseaux ou bâtimens appartenant à la France, ou de fournir aux ennemis des secours en soldats, hommes, argent, vivres, armes ou munitions, ou de seconder les progrès de leurs armes sur les possessions ou contre les forces françaises de terre ou de mer, soit en ébranlant la fidélité des officiers, soldats, matelots ou autres, envers le Roi et l'État, soit de toute autre manière.

SECTION II.

Des Crimes contre la sûreté intérieure de l'État.

§ Ier. *Des Attentats et Complots dirigés contre le Roi et sa Famille.*

86. L'attentat et le complot contre la vie ou contre la personne du Roi, est crime de lèze-majesté ; ce crime est puni comme parricide, et emporte de plus la confiscation des biens.

87. L'attentat ou le complot contre la vie ou la personne des membres de la famille royale ;

L'attentat ou le complot, dont le but sera,

Soit de détruire ou de changer le Gouvernement, ou l'ordre de successibilité au trône,

Soit d'exciter les citoyens ou habitans à s'armer contre l'autorité royale,

Seront punis de la peine de mort et de la confiscation des biens.

§ II. *Des Crimes tendant à troubler l'Etat par la guerre civile, l'illégal emploi de la force armée, la dévastation et le pillage publics.*

SECTION III.

De la Révélation et de la non révélation des Crimes qui compromettent la sûreté intérieure ou extérieure de l'Etat.

107. Néanmoins, si l'auteur du complot ou crime est époux, même divorcé, (1) ascendant ou descendant, frère ou sœur, ou allié aux mêmes degrés, de la personne prévenue de réticence, celle-ci ne sera point sujette aux peines portées par les articles précédens; mais elle pourra être mise, par l'arrêt ou le jugement, sous la surveillance spéciale de la haute police, pendant un temps qui n'excédera point dix ans.

─────────

(1) *Loi du* 8 *mai* 1816, *art.* 1ᵉʳ. «Le divorce est » aboli. »

CHAPITRE II.

Crimes et Délits contre la Charte constitutionnelle.

SECTION Ire.

Des Crimes et Délits relatifs à l'exercice des Droits civiques.

110. Si ce crime a été commis par suite d'un plan concerté pour être exécuté soit dans tout le Royaume, soit dans un ou plusieurs départemens, soit dans un ou plusieurs arrondissemens communaux, la peine sera le bannissement.

SECTION II.

Attentats à la liberté.

114. Lorsqu'un fonctionnaire public, un agent ou un préposé du Gouvernement, aura ordonné ou fait quelque acte arbitraire, et attentoire soit à la liberté individuelle, soit aux droits civiques d'un ou de plusieurs citoyens, soit à la Charte, il sera condamné à la peine de la dégradation civique.....

115. Si c'est un Ministre qui a ordonné ou fait les actes ou l'un des actes mentionnés en l'article précédent, et si, après les invitations mentionnées dans les articles 63 et 67 de l'acte du 18 mai 1804, il a refusé ou négligé de faire réparer ces actes dans les délais fixés par ledit acte, il sera puni du bannissement (1).

______

(1) *Nota.* Les articles 63 et 67 de l'acte du 18 mai 1804, se rattachaient à des institutions qui sont tombées par l'effet de la Charte.

116. Si les Ministres prévenus d'avoir ordonné ou autorisé l'acte contraire à la Charte, prétendent que la signature à eux imputée leur a été surprise, ils seront tenus, en faisant cesser l'acte, de dénoncer celui qu'ils déclareront auteur de la surprise; sinon, ils seront poursuivis personnellement.

118. Si l'acte contraire à la Charte a été fait d'après une fausse signature du nom d'un Ministre ou d'un fonctionnaire public; les auteurs du faux et ceux qui en auront sciemment fait usage, seront punis des travaux forcés à temps, dont le *maximum* sera toujours appliqué dans ce cas.

120. Les gardiens et concierges des maisons de dépôt, d'arrêt, de justice ou de peine, qui auront reçu un prisonnier sans mandat ou jugement, ou sans ordre provisoire du Gouvernement; ceux qui l'auront retenu, ou auront refusé de le représenter à l'officier de police ou au porteur de ses ordres, sans justifier de la défense du procureur du Roi ou du juge; ceux qui auront refusé d'exhiber leurs registres à l'officier de police, seront, comme coupables de détention arbitraire, punis de six mois à deux ans d'emprisonnement, et d'une amende de seize francs à deux cents francs.

121. Seront, comme coupables de forfaiture, punis de la dégradation civique, tout officier de police judiciaire, tous procureurs-généraux ou du Roi, tous substituts, tous

juges, qui auront provoqué, donné ou signé un jugement, une ordonnance ou un mandat, tendant à la poursuite personnelle ou accusation, soit d'un Ministre, soit d'un membre de la Chambre des Pairs, de la Chambre des Députés ou du Conseil d'état, sans les autorisations prescrites par les lois de l'État ; ou qui, hors le cas de flagrant délit, ou de clameur publique, auront, sans les mêmes autorisations, donné ou signé l'ordre ou le mandat de saisir ou arrêter un ou plusieurs Ministres, ou membres de la Chambre des Pairs, de la Chambre des Députés, ou du Conseil d'état.

122. Seront aussi punis de la dégradation civique, les procureurs-généraux ou du Roi, les substituts, les juges ou les officiers publics qui auront retenu ou fait retenir un individu hors des lieux déterminés par le Gouvernement ou par l'administration publique, ou qui auront traduit un citoyen devant une cour d'assises ou une cour spéciale (1), sans qu'il ait été préalablement mis légalement en accusation.

SECTION III.

Coalition des Fonctionnaires.

---

(1) *Loi du* 20 *décembre* 1815. Art 8. « Les cours » prévôtales connaîtront des crimes qui étaient attri- » bués aux cours spéciales par le Code d'instruction » criminelle. »

SECTION IV.

*Empiétement des Autorités administratives et ju-
diciaires.*

127. Seront coupables de forfaiture , et
punis de la dégradation civique ,

1°. Les juges, les procureurs-généraux ou
du Roi, ou leurs substituts ; les officiers de
police , qui se seront immiscés dans l'exercice
du pouvoir législatif , soit par des réglemens
contenant des dispositions législatives , soit en
arrêtant ou en suspendant l'exécution d'une
ou de plusieurs lois , soit en délibérant sur le
point de savoir si les lois seront publiées ou
exécutées ;

2°. Les juges, les procureurs-généraux ou
du Roi, ou leurs substituts , les officiers de
police judiciaire , qui auraient excédé leur
pouvoir , en s'immisçant dans les matières
attribuées aux autorités administratives , soit
en faisant des réglemens sur ces matières , soit
en défendant d'exécuter les ordres émanés de
l'administration , ou qui, ayant permis ou
ordonné de citer des administrateurs pour
raison de l'exercice de leurs fonctions , auraient persisté dans l'exécution de leurs jugemens ou ordonnances , nonobstant l'annullation qui en aurait été prononcée , ou le
conflit qui leur aurait été notifié.

CHAPITRE III.

Crimes et Délits contre la Paix publique.

SECTION I_{re}.

Du Faux.

137. SONT néanmoins exceptés de la disposition précédente les ascendans et descendans, époux même divorcés (1), et les frères et sœurs des coupables, ou les alliés de ceux-ci aux mêmes degrés.

139. Ceux qui auront contrefait le sceau de l'État, ou fait usage du sceau contrefait;

Ceux qui auront contrefait ou falsifié, soit des effets émis par le trésor royal avec son timbre, soit des billets de banques autorisées par la loi, ou qui auront fait usage de ces effets et billets contrefaits ou falsifiés, ou qui les auront introduits dans l'enceinte du territoire français, seront punis de mort et leurs biens confisqués (2).

156. Quiconque fabriquera une fausse feuille de route, ou falsifiera une feuille de route originairement véritable, ou fera usage d'une feuille de route fabriquée ou falsifiée, sera puni, savoir,

D'un emprisonnement d'une année au

---

(1) Voyez la note sur l'article 107.
(2) Voyez la note sur l'article 75.

moins, et de cinq ans au plus, si la fausse
feuille de route n'a eu pour objet que de
tromper la surveillance de l'autorité publique;

Du bannissement, si le trésor royal a payé
au porteur de la fausse feuille des frais de route
qui ne lui étaient pas dus ou qui excédaient
ceux auxquels il pouvait avoir droit, le tout
néanmoins au-dessous de cent francs ;

Et de la réclusion, si les sommes indûment
reçues par le porteur de la feuille s'élèvent à
cent francs ou au-delà.

162. Les faux certificats de toute autre
nature, et d'où il pourrait résulter, soit
lésion envers des tiers, soit préjudice envers
le trésor royal, seront punis, selon qu'il y
aura lieu, d'après les dispositions des para-
graphes 3 et 4 de la présente section.

SECTION II.

*De la Forfaiture et des Crimes et Délits de
Fonctionnaires publics dans l'exercice des
leurs fonctions.*

184. Tout juge, tout procureur-général
ou du Roi, tout substitut, tout administrateur ou tout autre officier de justice ou de
police, qui se sera introduit dans le domicile
d'un citoyen hors les cas prévus par la loi,
et sans les formalités qu'elle a prescrites, sera
puni d'une amende de seize francs au moins,
et de deux cents francs au plus.

194. L'officier de l'état civil sera aussi puni

de seize francs à trois cents francs d'amende ,
lorsqu'il aura reçu , avant le terme prescrit
par l'article 228 du Code civil , l'acte de
mariage d'une femme ayant déjà été mariée.

195. Les peines portées aux articles précédens contre les officiers de l'état civil , leur
seront applicables , lors même que la nullité
de leurs actes n'aurait pas été demandée , ou
aurait été couverte ; le tout sans préjudice des
peines plus fortes prononcées en cas de col-
lusion , et sans préjudice aussi des autres
dispositions pénales du titre V du livre Ier.
du Code civil.

SECTION III.

*Des Troubles apportés à l'ordre public par
les Ministres des cultes dans l'exercice de
leur ministère.*

201. Les ministres des cultes qui prononn-
ceront , dans l'exercice de leur ministère , et
en assemblée publique , un discours contenant la critique ou censure du gouvernement , d'une loi , d'une ordonnance royale ,
ou de tout autre acte de l'autorité publique ,
seront punis d'un emprisonnement de trois
mois à deux ans.

207. Tout ministre d'un culte qui aura ,
sur des questions ou matières religieuses, entretenu une correspondance avec une cour ou
puissance étrangère , sans en avoir préalablement informé le ministre du Roi chargé de la

surveillance des cultes , et sans avoir obtenu son autorisation , sera, pour ce seul fait, puni d'une amende de cent francs à cinq cents francs , et d'un emprisonnement d'un mois à deux ans.

208. Si la correspondance mentionnée en l'article précédent a été accompagnée ou suivie d'autres faits contraires aux dispositions formelles d'une loi ou d'une ordonnance du Roi, le coupable sera puni du bannissement, à moins que la peine résultant de la nature de ces faits ne soit plus forte, auquel cas cette peine plus forte sera seule appliquée.

SECTION IV.

Résistauce , Désobéissance et autres Manquemens envers l'Autorité publique.

235. Les lois pénales et réglemens relatifs à la conscription militaire (1) continueront de recevoir leur exécution.

248. Ceux qui auront recélé ou fait recéler des personnes qu'ils savaient avoir commis des crimes emportant peine afflictive, seront punis de trois mois d'emprisonnement au moins, et de deux ans au plus.

Sont exceptés de la présente disposition les

---

(1) *Charte constit.* Art. 12. « La conscription est » abolie. Le mode de recrutement de l'armée de terre » et de mer sera déterminé par une loi. »

ascendans ou descendans, époux ou épouse même divorcés (1), frères ou sœurs des criminels recélés, ou leurs alliés aux mêmes degrés.

259. Toute personne qui aura publiquement porté un costume, un uniforme ou une décoration qui ne lui appartenait pas, ou qui se sera attribué des titres royaux qui ne lui auraient pas été conférés, sera punie d'un emprisonnement de six mois à deux ans.

SECTION V.

Associations de Malfaiteurs, Vagabondage et Mendicité.

272. Les individus déclarés vagabonds par jugement, pourront, s'ils sont étrangers, être conduits, par les ordres du Gouvernement, hors du territoire du Royaume.

SECTION VI.

Délits commis par la voie d'Ecrits, Images ou Gravures, distribués sans nom d'Auteur, Imprimeur ou Graveur.

SECTION VII.

Des Associations ou Réunions illicites.

---

(1) Voyez la note sur l'article 107.

TITRE II.

CRIMES ET DÉLITS CONTRE LES PARTICULIERS.

CHAPITRE Ier.

Crimes et Délits contre les Personnes.

(Loi décrétée le 17 février 1810. Promulguée le 27 du même mois.)

SECTION Ire.

Meurtres et autres Crimes capitaux, Menaces d'attentats contre les personnes.

SECTION II.

Blessures et Coups volontaires non qualifiés Meurtre, et autres Crimes et Délits volontaires.

SECTION III.

Homicides, Blessures et Coups involontaires ; Crimes et Délits excusables, et cas où ils ne peuvent être excusés ; Homicide, Blessures et Coups qui ne sont ni crimes ni délits.

SECTION IV.

Attentats aux Mœurs.

335. Les coupables du délit mentionné au précédent article, seront interdits de toute tutelle et curatelle, et de toute participation aux conseils de famille, savoir : les individus auxquels s'applique le premier paragraphe de cet article, pendant deux ans au moins et cinq ans au plus, et ceux dont il est parlé au

second paragraphe, pendant dix ans au moins et vingt ans au plus.

Si le délit a été commis par le père ou la mère, le coupable sera de plus privé des droits et avantages à lui accordés sur la personne et les biens de l'enfant par le Code civil, livre Ier., titre IX, *de la Puissance paternelle.*

Dans tous les cas, les coupables pourront de plus être mis, par l'arrêt et le jugement, sous la surveillance de la haute police, en observant, pour la durée de la surveillance, ce qui vient d'être établi pour la durée de l'interdiction mentionnée au présent article.

SECTION V.

Arrestations illégales et Séquestrations de Personnes.

SECTION VI.

Crimes et Délits tendant à empêcher ou détruire la Preuve de l'État civil d'un Enfant, ou à compromettre son existence; Enlèvement de Mineurs; Infraction aux lois sur les Inhumations.

346. Toute personne qui, ayant assisté à un accouchement, n'aura pas fait la déclaration à elle prescrite par l'article 56 du Code civil, et dans le délai fixé par l'article 55 du même Code, sera punie d'un emprisonnement

de six jours à six mois, et d'une amende de seize francs à trois cents francs.

347. Toute personne qui, ayant trouvé un enfant nouveau-né, ne l'aura pas remis à l'officier de l'état civil, ainsi qu'il est prescrit par l'article 58 du Code civil, sera punie des peines portées au précédent article.

La présente disposition n'est point applicable à celui qui aurait consenti à se charger de l'enfant, et qui aurait fait sa déclaration à cet égard devant la municipalité du lieu où l'enfant a été trouvé.

357. Dans le cas où le ravisseur aurait épousé la fille qu'il a enlevée, il ne pourra être poursuivi que sur la plainte des personnes qui, d'après le Code civil, ont le droit de demander la nullité du mariage, ni condamné qu'après que la nullité du mariage aura été prononcée.

SECTION VII.

Faux témoignage, Calomnie, Injures, Révélation de Secrets.

CHAPITRE II.

Crimes et Délits contre les Propriétés.

(Loi décrétée le 19 février 1810. Promulguée le 1er. mars suivant.)

SECTION Ire.

Vols.

SECTION II.

Banqueroutes, Escroqueries et autres espèces de Fraude.

SECTION III.

Destructions, Dégradations, Dommages.

LIVRE IV.

CONTRAVENTIONS DE POLICE ET PEINES.

CHAPITRE Iᵉʳ.

Des Peines.

CHAPITRE II.

Contraventions et Peines.

SECTION Iʳᵉ.

Première Classe.

SECTION II.

Deuxième Classe.

SECTION III.

Troisième Classe.

FIN DU CODE PÉNAL.

Ce code est terminé, comme les précédens, par cette disposition d'ordonnance du Roi :

Notre chancelier et nos ministres sont chargés, chacun en ce qui le concerne, de l'exécution de la présente ordonnance, qui sera insérée au bulletin des lois.

Donné en notre château des Tuileries, le 9 septembre, l'an de grâce 1816, et de notre règne le vingt-deuxième.

Signé **LOUIS.**

Par le Roi,

Le Chancelier de France, signé **DAMBRAY.**

OBSERVATIONS.

DOIVENT être rapprochés du Code pénal ;

L'avis du conseil d'état du 18 août 1804, approuvé le 25 (quoiqu'antérieur au Code), relatif à la *traduction devant les tribunaux ordinaires,* des militaires pour crimes commis par eux étant en congé ;

Celui du 19 mars 1811, approuvé le 25, *appliquant le Code pénal dans les cas où les auteurs et complices* de vols commis dans les ports et arsenaux de la marine, sont étrangers au service de la marine ;

Celui du . . . . . . sur *la traduction devant*

les tribunaux ordinaires, des officiers disponibles prévenus d'un délit commun ;

Les réglemens pour l'*Université*, relatifs *aux délits commis* par les élèves et les professeurs ;

Le décret du 15 octobre 1810, *comprenant dans la classe des faux*, l'emploi frauduleux d'une pince servant à marquer les tabacs : annotable sur l'article 143 ;

L'avis du conseil d'état du 4 octobre 1811, approuvé le 10, *appliquant aux vols commis dans une maison ou hôtel garni*, la réclusion prononcée contre les vols commis dans une auberge ou hôtellerie : annotable sur l'art. 386 ;

L'avis du conseil d'état du 4 août 1812 ; approuvé le 20 septembre, sur *la fixation du cautionnement* porté par l'article 44 du Code : annotable sur cet article ;

La loi du 9 novembre 1815, sur *les écrits séditieux* : annotable sur l'article 285 ;

L'arrêt du conseil d'état du 6 février 1815, approuvé le même jour par le Roi, sur *le conflit d'attribution* : annotable sur l'art. 128 ;

Le décret du 25 septembre 1813, sur *les loteries clandestines* : annotable sur l'art. 410.

Suivant le discours des orateurs du Gouvernement, lors de la présentation du Code au corps législatif, — par l'article 484, sont maintenus (et doivent être rapprochés du Code), les lois et réglemens actuellement en vigueur, relatifs :

Aux dispositions du Code rural, qui ne sont point entrées dans le présent Code ;

Aux taxes, contributions directes ou indirectes, de douanes et d'octrois ;

Aux tarifs pour le prix de certaines denrées, ou de certains salaires ;

Aux calamités publiques, comme épidémies, épizooties, contagions, disettes, inondations ;

Aux entreprises de services publics, comme coches, messageries, voitures publiques de terre et d'eau, voitures de place, numéros ou indication de nom sur voitures ; postes aux lettres et postes aux chevaux ;

A la formation, entretien et conservation des rues, chemins, voies publiques, ponts et canaux ;

A la mer, à ses rades, rivages et ports, et aux pêcheries maritimes ;

A la navigation intérieure, à la police des eaux et aux pêcheries ;

A la chasse, aux bois, aux forêts ;

Aux matières générales de commerce, affaires et expéditions maritimes, bourses ou rassemblemens commerciaux, police des foires et marchés ;

Aux commerces particuliers d'orfévrerie, bijouterie, joaillerie ; — de serrurerie et des gens de marteau ; — de pharmacie et apothicairerie ; — de poudres et salpêtres ; — des arquebusiers et artificiers. — des cafetiers, restaurateurs, marchands et débitans de boissons ; — de cabaretiers et aubergistes ;

A la garantie des matières d'or et d'argent ;

A la police des maisons de débauche et de jeu ;

A la police des fêtes, cérémonies et spectacles ;

A la construction, entretien, solidité, alignemens des édifices, et aux matières de voiries ;

Aux lieux d'inhumation et de sépulture ;

A l'administration, police et discipline des hospices, maisons sanitaires et lazarets ; — aux écoles ; — aux maisons de dépôt, d'arrêt, de justice et de peine, de détention correctionnelle et de police ;

Aux maisons ou lieux de fabrique, manufactures ou ateliers ;

A l'exploitation des mines et des usines.

Au port d'armes ;

Au service des gardes nationales ;

A l'état civil, etc., etc.

FIN.